観察の練習

菅 俊一

はじめに

観察とは、日常にある違和感に、気づくこと。

この本は「観察」という行為を「練習」するという目的で書かれました。観察と言っても、私たちが小学生の頃にやったアサガオの観察のように、ある特定の対象を継続して見続けるものではありません。この本で観察の対象としているのは、身の周りの環境、つまり世界全体です。私たちの身の周りでは日々、さまざまな「おや?」と違和感を抱くような出来事が起こっています。それは、誰かの手による創意工夫であったり、自然環境が作り上げた現象であったり、自分の眼が勘違いしたものであったりするのですが、あまりにも膨大なため、普段は無意識に見過ごしてしまっています。しかし、このような「日常の中の小さな違和感」にこそ、私たちを驚かせたりワクワクさせたりするアイデアを生むためのヒントが隠れているのです。

この本では、私自身が日常的に行っている「観察」の例を紹介します。ぜひ、読者の皆さんも一緒に私が発見した「日常の中の小さな違和感」に気づいてみてください。

◎この本の読み方

①まず左ページの写真だけを見て、この写真が捉えた違和感が一体何なのか、少し考えてみてください。

②次に、見開きに書かれた文章を読んでみてください。ここには、私が気づいた日常の中の小さな違和感に関する、短い文章を書いています。最初に写真を見たときに皆さんが思ったこととまったく同じことを書いているかもしれませんし、まったく違うことを書いているかもしれません。

写真の解釈に正解はありません。日々の生活の中で感じた小さな違和感を見過ごさずに考えていくということを、読者の皆さんも体験してみてください。

それでは、一緒に観察の練習をはじめましょう。

菅俊一

【目次】

※本書に書かれている考察は、著者がその場の状況から推測した仮説です。実際にはまったく異なる理由で存在している場合がありま す。あくまで、遭遇した状況から一つの解釈を導くまでのプロセス自体をお楽しみください。

第1章

痕跡から推測する

<u>1-1</u>

1-1 平らに見える歩道の正体

一般的に、舗装された道を歩いているときに私たちは、「平らな道を歩いている」というイメージを持っている。しかし、平らと言っても、その実態はまったく異なることが多い。

いつものように、よく使う駅前の狭い歩道を歩いていると、道沿いの建物から道へと、水が流れ込んでいる様子が目に入って、思わず立ち止まってしまった。

水の流れによって、平らだと思っていた道の高低が見事に可視化されていたのだ。これまでこの道は何度も何度も歩いていたが、こんなにも道の表面がデコボコになっているという意識はまったくなかった。もちろん、雨水を逃がすために、道の端やマンホール周辺が他より少し低く作られているというのは知っていたが、実感としてこんなに高低差が複雑になっているとは気がつかなかった。私はこの、水が流れ込んだ様子を見た瞬間に、ただの平坦なイメージであった道が、とたんにデコボコな路面として意識されてきたのだった。

1-2

1-2 無意識に取る最短経路

最近は公園の中でも「芝生に立ち入らないでください」という立入禁止の札を見かけることが増えた。傷んだ芝生を補修するためのコストが、無視できない金額になってしまったという事情も理解できないわけではないのだが、公園の楽しみ方がどんどん窮屈になってしまってきているように思う。

そのような公園の一つを散歩していると、ちょうど曲がり角で、道との境界線になっている部分の芝生がはげてしまっているのを見つけた。

この道は、そこまで狭い道ではない。だから、曲がろうと思えばかなりの余裕を持って、はみ出すことなく曲がることができたはずだ。にもかかわらず、こんなに芝生がはげてしまうほど、多くの人がはみ出して歩いてしまっているということは、私たちは無意識のうちに、できるだけ短い距離で曲がろうとする傾向があるのだろう。

このような小さな痕跡からでも、私たちの行動に関する、ある傾向を掴むためのヒントが得られる。

1-3

1-3 整列されたゴミ

今朝も通勤中に、道の端に妙なものを見つけた。道に捨てられていたと思しき空き缶やペットボトルが、整理整頓されて並べられていたのだ。

私たちは普段、道に捨てられているゴミに対して「汚い」というイメージを持っている。しかし、私はこの整理整頓されたゴミを見た瞬間に、「美しい」と感じてしまった。ただ並べ方を変えただけで、これまで「汚い」と思っていたものが「美しい」ものへと変わってしまったことが衝撃だった。

そもそも「道にゴミを捨てる」人の行動を考えてみると、ゴミはバラバラに、自分勝手に置かれている状態になるのが自然なはずだ。だからこのように、道に捨てられたゴミがきちんと整列した状態になっているのは、普段目にしているゴミからすると極めて異常な状態だと言える。もし、ゴミを片づけたかったのであれば、このように並べたりせずにゴミ袋にまとめてしまうはずだ。ここに敢えて整頓して並べたということに、何らかの意図を感じずにはいられない。

1-4

#200-1 Twinpoint
9mm Black/0.9mm Red

1-4 箱の中の記録

見慣れない新しい文房具を見つけると、ついつい買って試してしまう。もちろん、単なる趣味というわけではなく、普段の仕事の大半が手書きで企画を考えるところから始まるので、重要な仕事道具として、より便利で書きやすい道具を探し続けている。

その探求の一環として先日、以前から気になっていた、本体を回して芯を繰り出すタイプのシャープペンを海外から通販で購入した。ようやく届いたので箱を開けてみると、赤い線がびっしりと、しかもフタの特定の部分だけに限定されて描かれていた。

箱から取り出したシャープペンを見ると、芯が僅かに出たまま箱詰めされていたため、おそらく中のシャープペンの動いた軌跡が赤い線となって描かれたのだろう。そして、箱の中をよく見ると、箱が輸送中に潰れたり商品が動き回ることのないように、中仕切りが入っていた。

改めて、フタに描かれた軌跡を見ると、ペンは輸送中にまったく動かなかったわけではなく、仕切られたエリアの中を縦横無尽に動き続けていたということが分かる。フタの裏の赤い線は、輸送中にペンが箱の中だけでひたすら動き回っていたが、自ら記録し続けた結果であったというわけだ。

1-5

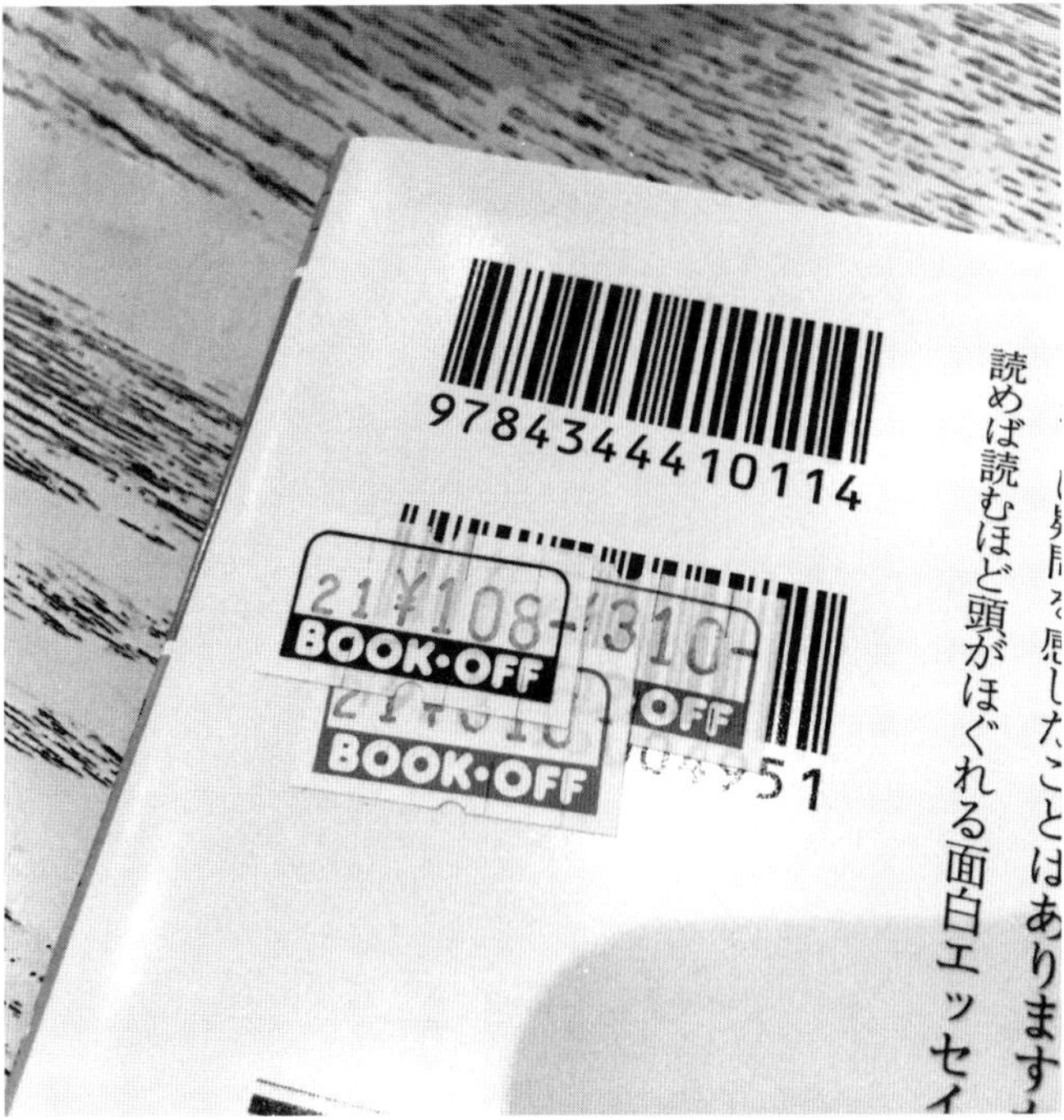
9784344410114
21¥108-
BOOK・OFF
BOOK・OFF
読めば読むほど頭がほぐれる面白エッセイ

1-5 最低価格の掘り出し物

近所にある古書店には、周囲にデザイン事務所などが多いためなのか、普段書店では見つからない掘り出し物の古本がよくあるので、定期的に覗くようにしている。今日も棚を見ていると、期待通り、既に絶版になっている本を掘り出し物として見つけることができた。

さっそく買おうと、本の裏に貼られている値札ラベルを見たところ、三枚の値札が重ねて貼られていた。一番上に貼られている、値段がハッキリと見える値札には「一〇八円」と書かれていることから、この古書店が買い取って棚に並べてから私がこの本を手に取るまでに、二回価格を見直す機会があったことが分かる。

この古書店がどのような値付けのルールを採用しているのかは分からないが、とにかく、二回も価格を見直す余裕があるほど、この本は売れずに本棚に取り残されてきたのだろう。

そして、私がこの本を掘り出し物として見つけたのが、たまたま最低価格になったタイミングだったため、古書店側はこの本に対して「最低価格にしてようやく売れた」という判断を下してしまうのかもしれない。実際はその本が安いから買ったのではなかったとしても。

1-6

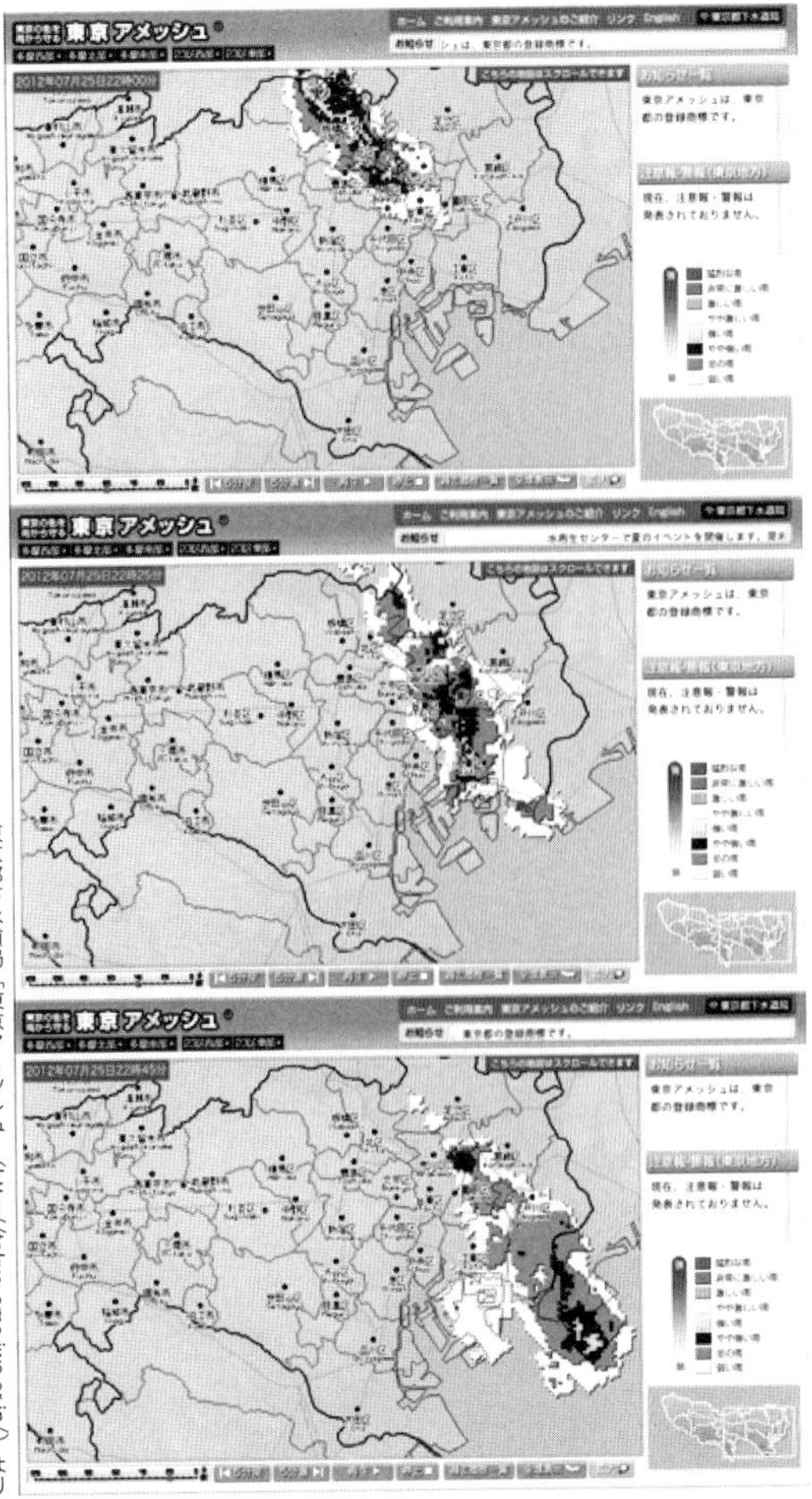

東京都下水道局「東京アメッシュ」（http://tokyo-ame.jwa.or.jp/）より

1-6 自力で動きを予測する

今夜、雨が降ると分かっていても、出かけるときについつい傘を忘れてしまうということがよくある。その日の仕事を終えていざ帰ろうという段になって、傘を忘れたことを思い出して非常に憂鬱になる。自業自得でしかないのだが、それでもできれば濡れずに、なんとか自宅まで帰りたい。

そんなときに見ているのが、東京都下水道局が運営しているあるウェブサイトだ。ここには、今後どうなるかという天気「予報」の情報はない。二時間前から現在までの降雨量の情報という事実だけを、地図上に時系列で見せている。しかし、私たちはその二時間分のデータから、自分で雨が動く方角と速度の傾向を見出して、未来の雨雲の進み方を予測することができる。

その結果、「予想以上に雨が強く動きが速いから、帰らずにちょっと待ってやりすごした方が良さそうだ」などと判断することができる。この、過去の動きをもとに「自分の頭で」雨の動きを予測する、つまり、今の雨雲を頭の中で動かしてみる作業が、とても面白かった。わざわざ頭の中だけでアニメーションさせるという行為は、日常生活では遭遇しないが、このような手がかりがあれば、私たちは想像力を駆使して、動きを作ることができるのだ。

1-7

1-7 現場検証の限界

散歩中、電信柱のふもとに妙なものを見つけた。電信柱には大きく液体がかかった跡があり、その隣にはお茶のペットボトルが、中身が入った状態かつフタが開いたまま放置されている。

ただ見ただけでは、電信柱にかかった液体が、ペットボトルに入っていたお茶をかけたものなのか、それとも尿なのかまったく分からない。

とりあえず、「電信柱に液体がかかっている」「ペットボトルの中にも液体が残っている」「ペットボトルのフタが開いている」という三つの事実から、①「お茶を電信柱に向かって吐き出し（または振りかけ）、そのまま放置した」、②「お茶を飲んでいたら突然尿意をもよおし、事に及んだ後、ペットボトルは地面にそのまま放置」、③「歩いていたら尿意をもよおしたため、最初は持っていたペットボトルに入れていたが結局、電信柱に向かってした」という可能性が想定できる。

さすがに、放置されているペットボトルの中の液体のにおいを嗅いで確認するのは控えたので、永遠に真実にたどり着くことはできない。現場に残された証拠で私が推測できる限界は、このくらいだ。

第2章

先入観による支配に気づく

2-1

2-1 見慣れた組み合わせ

先日、久しぶりに神保町の古書店を周った。この日もいくつか掘り出し物を見つけることができたので、さあ帰ろうと地下鉄の階段を降りたとき、不意にあるものが目に入った。通常は、グレーなど目立たない色に塗装されているパイプが、赤と黄色の二色で塗装されていた。

このパイプを見た瞬間、絶対にそんなことはありえないにもかかわらず、赤いパイプの中にはケチャップ、黄色いパイプの中にはマスタードが通っているようにしか思えなかった。もし二本のパイプが赤だけ、もしくは黄色だけだったら何も思わなかったのだろうが、この赤と黄色の組み合わせを見た途端、「ケチャップとマスタード」というイメージに私の頭は支配されてしまったのだ。

もちろん、実際にパイプの中に何が通っているのかは分からないし、敢えてパイプをこんなに目立つ色にした理由も分からないのだが、このような状況に遭遇すると、自分が特定の色の組み合わせに対して、どのような先入観を持っているのかが露わになってしまう。

2-2

SEVEN&I

2-2 ソースの描く軌跡

帰りが遅くなってしまったため、夕食をコンビニエンスストアで済ませてしまおうと思い、弁当売り場を物色していたときのことだ。売られていた「のり弁当」のおかずとして入っていたフライに、ソースが〝N〟の文字と読めるような軌跡でかかっていた。

見た瞬間に「ソースがのり弁当（Noribento）の頭文字のNに見える！ これはすごい!!」と勝手に興奮してしまった。しかし、冷静に考えてみると、おそらくフライ全体にかけるソースの量を、できるだけ効率良くならすために、このような軌跡を選んだというだけだろう。それに、Nに見えたのも、私がたまたま弁当をこの角度で見たからに過ぎないのではないかと思う。

私は、目の前に遭遇した状況から勝手に意味を推測し、奇跡が起きたと興奮していた。でも、いまだに心のどこかで「ソースがNに見えるような向きで商品が棚に置かれていたということは、ひょっとしてやっぱり……」と期待している気持ちも捨て切れないままでいるのだった。

2-3

ソフトバンク二子玉川
フェリトイア
オブスタイル 玉川
高島屋南館店
プラザ
246
玉川高島屋S・C南館
7
6
5
4
3
2
1
高島屋ショッピング
ンター 南館1階...
玉川通り
ケンタ
フライ
第7明友ビル
川店

2-3 最短ルートは店の中

スマートフォンの地図アプリで、目的地までの行き方を検索したところ、最短経路として提案されたのは、途中にある百貨店の中を通り抜けるルートだった。

通常私たちは、目的地に行く途中の建物は「障害物」として捉えているため、避けて歩くことが当たり前だし、ショートカットのために中にわざわざ入ろうとは夢にも思わない。

しかし、その地図アプリは、百貨店の一階のレイアウトもデータとして持っているため、当たり前のように「数ある道の中の一つ」として計算を行い、百貨店の中を通り抜けるルートを最短経路として提案してきた。

コンピュータには、私たちが無意識に抱いている「目の前にある建物は中を通らず避けて進む」という先入観はない。何らかの重み付けがなければ、ただ目の前のデータを平等に評価し、最適な答えを出してくるだけだ。

私は突然このような形で、自分が無意識に抱いていた先入観を突き付けられ、ショックを受けてしまった。先入観から逃れるのは、やはり容易ではない。

2-4

皮フ科
内科
胃腸科

2-4 胃内皮、腸フ、科科科

朝から現場に直行する予定があったため、普段は乗らないバスを待ちながら、道路の向かいにあるビルをぼんやりと見ていると、窓ガラスに「科科科」と文字が書いてあるのを見つけた。

まったく意味が分からなかったので少し混乱したのだが、落ち着いて見ると、縦書きで左から「胃腸科」「内　科」「皮フ科」と書いてある。

「あれ、なんで縦に読まなかったんだろう？」と思いながら見ていると、隣に、横書きで書かれたその病院の電話番号と診療時間がずっと視界の端に入っていたことに気がついた。さらに、その上下の窓にも、横書きで文字が書かれていた。つまり、窓ガラス全体で見ると、縦書きと横書きの文章が混在していた上に、圧倒的に横書きの文章が多いという状況だったわけだ。

しかも、「胃腸科」「内　科」「皮フ科」に関しては、すべての文字が縦横に等間隔で並んでいたため、縦に読んでも横に読んでも成立してしまう状況があった。そのため、周囲の環境につられて妙な読み方をしてしまったのだろう。

単純な読み間違いではあるのだが、こうやって考えていくと、私たちが普段どのような文字情報の読み取り方をしているのかがハッキリと分かる。

2-5

2-5 泡立たない洗剤

最近、台所用の洗剤を変えた。あまり特定の銘柄にこだわっていないので、店頭で気になったものや、安くなっているものなどを普段は手に取っている。

今回は「環境にやさしい」ということを謳っている洗剤を選び、使い始めて数日経つのだが、洗いながらいつも何か引っかかりを感じている。どうやら「本当にちゃんと洗えているのだろうか」という不安感のようなものが心のどこかにあるみたいだ。

これまで皿を洗っているときに、そんな不安な気持ちに陥ったことなどなかったので、なぜそんな気持ちになったのかを考えていったところ、洗剤の泡立ちが良くないことが原因になっているようだった。

実際、泡立ちが強い洗剤と弱い洗剤、どちらの洗浄力が優れているかは分からないし、結果的にはそんなに違わないように思う。しかし、泡立ちが弱い洗剤は、洗っているときの満足感が著しく低いのだ。結果として、多くの洗剤をポンプから出して使ってしまい、私にとっては「環境にやさしい」という売り文句が本末転倒になってしまっている。

もしかしたら、私たちは台所用洗剤に対して、実際の効能としての洗浄力よりも、洗っているときの満足感に直結する泡立ちの良さの方を、重要視しているのかもしれない。

2-6

GREEN TEA	JASMINE TEA	GREEN TEA	JASMINE TEA
COLD ¥60	COLD ¥60	HOT ¥60	HOT ¥60

ROYAL MILK TEA	CAFÉ AU LAIT	ROYAL MILK TEA	CAFÉ AU LAIT
COLD ¥60	COLD ¥80	HOT ¥60	HOT ¥80

STRAIGHT TEA	STRAIGHT TEA	STRAIGHT TEA	STRAIGHT TEA
COLD ¥60	COLD ¥60	HOT ¥60	HOT ¥60
BLACK	SUGAR	BLACK	SUGAR
	CREAM	SUGAR CREAM		CREAM

REGULAR COFFEE	REGULAR COFFEE	REGULAR COFFEE	REGULAR COFFEE
EMERALD MOUNTAIN BLEND	HOUSE BLEND	EMERALD MOUNTAIN BLEND	HOUSE BLEND
COLD ¥80	COLD ¥80	HOT ¥80	HOT ¥80
BLACK SUGAR CREAM SUGAR CREAM	BLACK SUGAR CREAM SUGAR CREAM	BLACK SUGAR CREAM SUGAR CREAM	BLACK SUGAR CREAM SUGAR CREAM

2-6 無表情なボタンが生む不安

先日、倉庫の中にいくつかのギャラリーが入っている施設を訪れたのだが、そこには小さな休憩場所があり、椅子とテーブル、そして自動販売機が置かれていた。何か飲み物を買おうと自動販売機に近づいたところ、その自動販売機は空間のトーンを維持したかったのか、ボタンの上には商品写真やイメージカラーもなく、ただ白い背景に英語で商品名だけが書かれていた。

結局、私は、ここから飲み物を選ぶことができなかった。文字だけの情報では、どのような飲み物なのかさっぱり想像ができなかったのだ。もちろん、ボタンの上に何が書いてあるのかは分かるのだが、白地に黒い文字と統一されているだけでここまで情報が足りなく、不安な感じを抱いてしまうとは思わなかった。

情報がなくなったことで初めて、私は自分がボタンに付随する色（それは大抵コーヒーなら茶色だったり、お茶なら緑だったりと飲み物の色に揃えてある）や写真を手がかりに、確信を持って飲み物を選んでいたのだと実感したのだった。

2-7

すわって
ステーキ
1gあたり
5.5円

2-7 デフォルトの逆転

あるステーキ店の前に、「すわってステーキ」と書かれたのぼりが立っていた。普通に考えれば、店の前に立てるのぼりには、その店の売りになるような情報を書くものなので、この店の売りは「座ってステーキが食べられる」ことなのだと分かる。

「座ってステーキが食べられる」というのは当たり前のことで、まったく特別なことではないと思うのだが、おそらく、最近流行している「立って食べる」タイプのステーキ店との差異を強調するために、わざわざ売りとして言う必要が出てきたのだろう。

もしかしたら今後は「立ってステーキを食べる」ということ自体が当たり前になり、座ってステーキを食べることが、特別なことになってしまうのではないか。今まさにその過渡期なのかもしれない。

私たちが当たり前だと思っていることや基準にしていることも、偶然自分が最初に知ったから、それを当たり前だと見なしているだけに過ぎなくて、もしかしたらその当たり前は例外なのかもしれない。環境や状況が変われば、当たり前だと思っていたことがあっさり塗り替えられてしまうこともあるのだ。

第3章

新しい指標で判断する

3-1

3-1 センサーに反応させるための指

以前、神保町にある取り壊し予定のビルの一室を使って個展をやったことがある。

その部屋は壁紙がとても汚れており、上から塗装をする必要があったため、バケツに水を汲もうとビルのトイレに行った。そこの洗面台にあったのは、手をかざすと一定時間水が流れた後に止まる、センサー式の蛇口だった。

とりあえず洗面台にバケツを置いてみると、センサーがバケツに反応して水が流れ出したのだが、すぐに止まってしまった。おそらく何度もバケツを洗面台に置き直せば、いずれバケツいっぱいに溜まるのだと思うが、一回に出る水の量から推測するに、何十回も置き直さなければならないだろう。それでは塗装をする前に日が暮れてしまう。

数分ほど蛇口とバケツを見ながら考えた結果、指を蛇口の裏にあるセンサー部分にかざし続ければ、水が出続けるため、バケツに水を汲むことができるということが分かった。

こうやって書くと実に取るに足らない発見なのだが、機械の特徴を利用して、誰もやったことのない問題の解決法を見つけた瞬間、私はかなりワクワクしていた。この写真は、そのワクワクの記念に撮影されたものである。

3-2

コーヒー
1缶
59
kcal
このカロリーで
このおいしさ
¥120

3-2 おいしさの定義

寒かったので温かい飲み物でも買おうと自動販売機を見たら、カフェラテのところに「このカロリーでこのおいしさ」というキャッチコピーが書いてあった。

このキャッチコピーが前提としているのは、「カロリーが低いとおいしくない」という認識だ。もしかしたら、「おいしいカフェラテ＝甘いカフェラテ」といった認識がさらに背景にはあるのかもしれない。

とにかく、「甘い」とか「クリームがたっぷりでまろやか」といったような、直接カロリーに影響を及ぼしそうな指標ではなく、「おいしさ」というかなり大雑把で曖昧な指標を用いているところが興味深い。

言葉によるこのような広告表現は、常識や知識を使いながら、どうやって驚きをもたらす情報提供をするかというところが勝負どころになる。このたった一三文字の言葉だけでも、「書いた人はどのような前提条件をもって認識しているのか」ということが見えてくる。それを読み解くのも、観察の醍醐味なのだ。

3-3

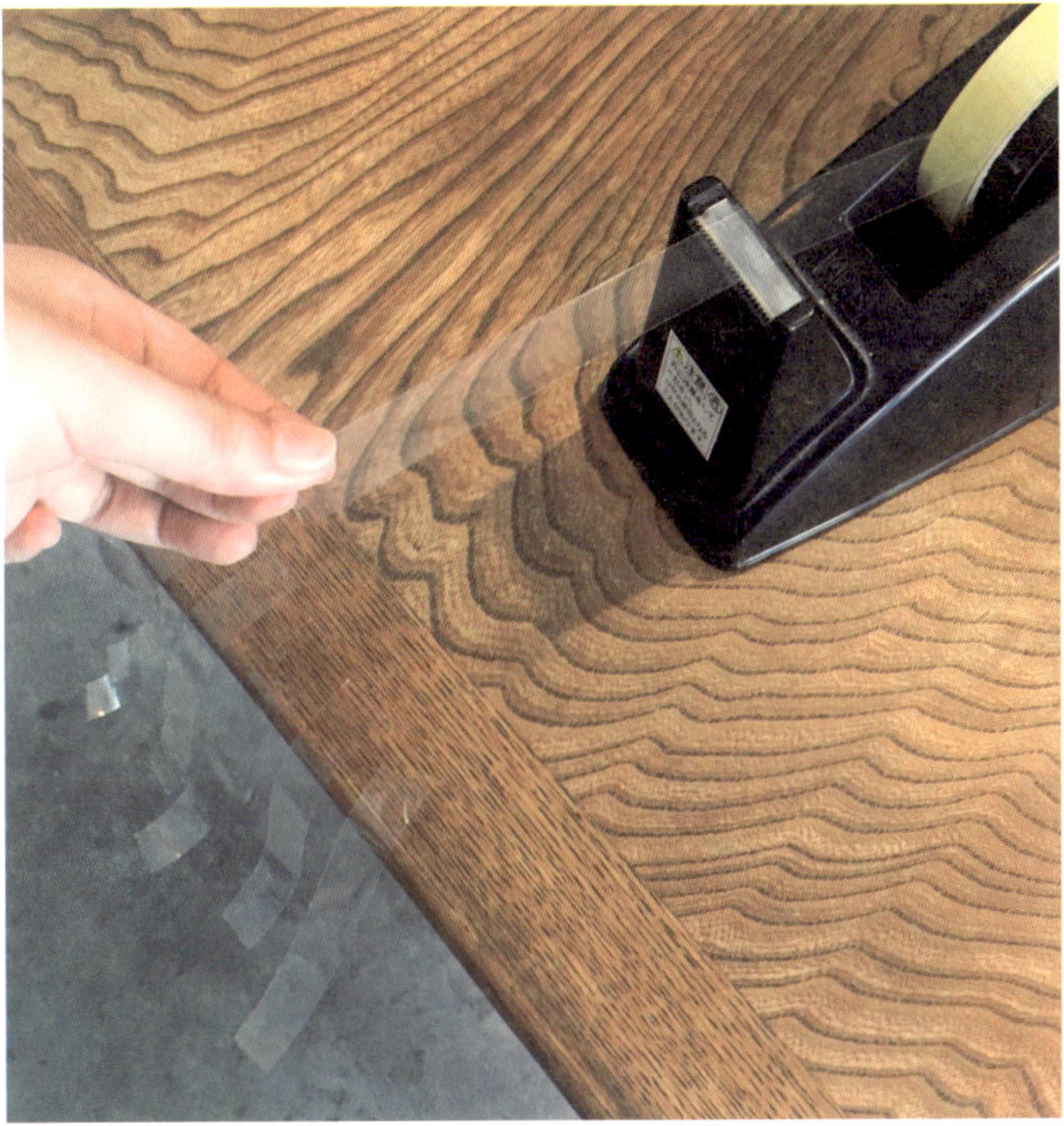

3-3 音による手がかり

会社員をしていた頃に、取引先に渡す資料の発送作業をみんなで行っていたことがあるのだが、私は最後の工程としてテープで封筒の口を閉じる作業を担当していた。

効率を考えると、テープを切る長さは封筒の口にピッタリ揃っていた方が良い。テープが短ければ二本以上切り出して貼らなければならないし、長すぎれば余りをわざわざハサミで切る必要がある。

テープを数本引き出しながら、どうすれば効率が上がるか考えた結果、ある指標を手がかりにしてテープを引き出すことにした。それは、テープを引き出すときに起きる「ビビビビビッ」という音の長さだ。この音を頼りに、一定の長さのテープを切り出せばいいのだ。

毎回「ビビビビビッ」と同じリズムの音が鳴るようにテープを引っ張っていくと、必ず一定の長さのテープが引き出せる。このことに気づいた私は、音で長さを測ることで、あっという間に数百本のテープをほぼ同じ長さで引き出すことができた。しかし残念ながら、その日以降この技術を活かす機会はいまだ訪れていない。

3-4

3-4 単位が変わると見えてくる

文具店で新しいボールペンを買おうと思い、見ていたときのことだ。最近は各社とも技術の進歩が凄まじく、さまざまな新機能を持ったボールペンが販売されている。売り場では、試し書きができるようになっているため、新しい機能による書き心地がどうなっているのか、試してみることにした。

試し書きコーナーの中に「インクの量が通常よりも多いため、とても長く書ける」ということを謳ったボールペンがあったのだが、通常よりもインク量が多いことを示すために「〇〇km書けます！」と距離の単位が使われていた。

確かに、インクの量をmlのような単位で言われても、正確ではあるのだがよく分からない。私たちが本当に知りたいのは入っているインクの量ではなく、実際にどのくらい文字を書くことができるのかということだからだ。

ある物事を示すのに、基準や使っている単位を敢えて変えてみることで、急に分かりやすくなることがある。

3-5

3-5 ◯◯として、見てください

大学の食堂には「日替わり麺」というメニューがあり、サンプルが券売機の横に毎日ディスプレイされている。

これを見たときに、毎回不思議な気持ちになっている。日替わり「麺」の紹介にもかかわらず、ディスプレイされているサンプルに麺はなく、例えば「麻婆豆腐麺」であれば麻婆豆腐の部分だけが、ちょうど麺の上に乗せたときに来るであろうと思われる位置に、器用にラップを使って配置されているのだ。

毎日の具の違いを際立たせるための工夫なのか、毎日同じように麺を消費するのがもったいないのか、正確な理由は分からないが、とにかくここでは「麺は具の下にあるとして見てください」という、特別なリテラシーが説明もなく要求されている。

学生たちはもはや慣れてしまったのか、何の疑いもなく「今日は麻婆豆腐『麺』か」とこのサンプルを受け入れている。せめて一回くらいは、注文したらサンプル通りに「麺なし」で出してみてほしいところなのだが。

3-6

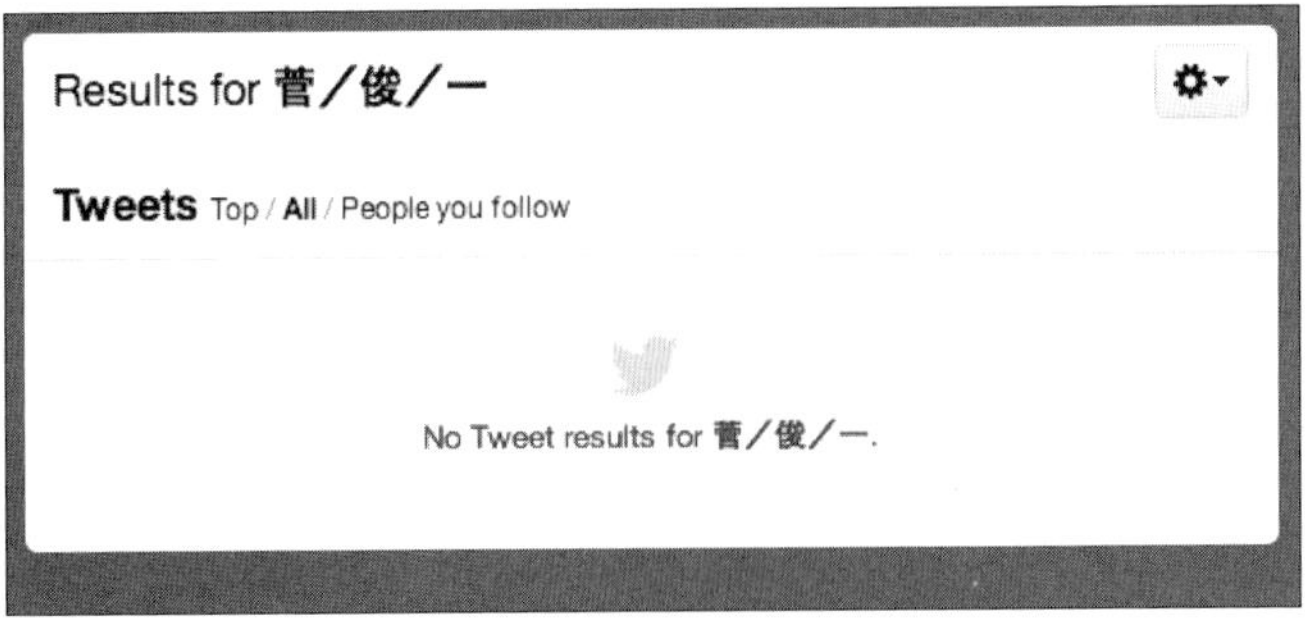
Results for 菅／俊／一
Tweets Top / All / People you follow
No Tweet results for 菅／俊／一.

3-6 システムの裏をかく工夫

ＳＮＳでたまに「検索避け」と呼ばれる表記を見かける。例えば誰かが「菅俊一」についての話題を出す際に、当人が自分の名前をキーワード検索しても見つけられないようにするため、「菅／俊／一」と、文字の間に「／（スラッシュ）」を入れるという表記方法だ。

そもそも、インターネット上でわざわざ本人に見つからないように言及するなんて、褒められるようなことではないのだが、実際に検索避けが施されたキーワードを読むときの頭のはたらきは、かなり興味深い。

私たちは、読まなくてよい「／」と意味のある文字を瞬時に分けて無視することができるが、コンピュータは「／」もキーワードを構成する文字も、同じ文字の一つとして扱うので、無視することができない。

意味のある文字とない文字を瞬時に判別して、意味のない文字だけを無視するという非常に高度なことを、私たちは見た瞬間にあっさりとやっている。このように、人間の認知能力に依存することでシステムの裏をかくという考え方は、面白い。

3-7

傘の
おきちがえ
ないように
目印にして

3-7 後付けの目印

週に一回くらいの頻度で、駅前の蕎麦屋に行くことがある。これまでまったく気づかなかったのだが、店の傘立ての横のカゴに、

傘の
おまちがえ
ないように!!

という札とともに、大量のカラフルなヘアゴムが入っていた。

その下に小さく「目印にして」と書いてあることから、きっとこのゴ

ムは、傘立てに自分の傘を入れる際に、他の人の傘と間違えることがないように「目印」として柄の部分に巻いておくためのものなのだろう。わざわざ店側がこのようなものを用意しているということは、これまでに何度か、客が傘を間違えて持ち帰ってしまったことに関するトラブルがあったのだと思われる。

確かに、どこでも買えるビニール傘が主流になってから、「自分の傘」を強烈に意識することは、かなり少なくなった。だからきっと傘の取り違えも、昔に比べたらはるかに増えたのではないだろうか。もし自分がこの蕎麦屋の店員だったら、やはり同じように何らかの方法で、あらかじめ問題の発生源をなくすことを考えたのだろうと思う。

第4章

その環境に適応する

4-1

4-1 薄いゴミ箱の設計理念

土地を有効活用するための方法として、自動販売機が設置されていることがある。前ページの写真の自動販売機も例外ではなく、マンションの敷地内でかつ、歩道にはみ出さないギリギリの位置に設置されていた。実はこの自動販売機は、マンションの壁に埋め込まれるような形になっている。つまり、マンションを設計する段階から、この場所に自動販売機を置くことを想定していたのだろうと推測できる。

そうなると問題はゴミ箱だ。一部の自治体では設置が義務付けられているし、そうでなくても景観を保つために設置は必須になるわけだが、ここでは、道と建物の間にある三〇㎝にも満たないスペースに、非常に薄型のゴミ箱が設置されていた。

ゴミの投入口として、側面にはペットボトルがギリギリ通るサイズの穴が開いている。そもそもこのゴミ箱は奥行きがないため、正面に穴を開けてもペットボトルは捨てられない。加えて、設置した後に雨や物などが入り込む可能性などを考えると、ゴミ箱の上部に穴を開けるよりも側面の方が都合が良い。こうして考えていくと、この薄いゴミ箱の側面に穴が開いているのは妥当に思う。

ゴミ箱というのは決まった形がないため、捨てる物の形状や設置場所といったさまざまな制約によって形が大きく変化する。街中にあるゴミ箱を見たときに、形の違いや置かれ方の根拠を探っていくと、それが置かれている環境の特性が明らかになるはずだ。

4-2

スープカレー
当ビル3F

4-2 窓から見えた看板

駅の階段を降りていたら、階段の横に付いていた窓からちょうど見えるように、スープカレー店の看板が設置されていた。そのスープカレー店は、駅のすぐ裏側に建っているビルの中にあるのだが、この看板は、窓との距離の近さやサイズから、駅にいる人の視界に入ることを前提として設置されたものであることが分かる。

おそらくスープカレー店の人は、ある日、私と同じように階段を降りているときに、この窓から自分の店が入っているビルの裏の非常階段がちょうど見えることに気がついたのだろう。

駅や街中の看板広告には、ただ「こういう店があります」「こういう商品があります」といった情報を出しているものが多いのだが、この看板は直接的に「今あなたが見ているビルの三階に、スープカレーのお店がありますということを伝えているのが面白い。普段街中を歩いていると、さまざまな飲食店の看板があるため、「どの店に入ろうか」と悩んでしまうことがある。しかし、このように他の飲食店の看板をまったく見かけない場所に突然情報を与えられると、「スープカレーもいいかも」と他の店と比較することなく判断をさせることが可能になる。結果的に、効果のある広告になっているのではないだろうか。

4-3

4-3 雪国に最適化されたゴミ収集所

旅行先で見かけたゴミ収集所が高床式になっていた。もしかしたら、このようなゴミ収集所は珍しいものではないのかもしれないが、私はこれまで見たことがなかった。自分が当たり前だと思っているものと違うということは、その環境と周囲の人たちの生活における前提条件としている部分が、自分と異なる可能性がある。

このゴミ収集所の外見から分かる特徴は、「全体が強靭な鉄網で覆われている」「床が地上から浮いている」という二つだ。つまり、カギなどで扉を開けるか、ある程度の高さからでないと中のゴミにはアクセスできないようになっている。それに加えて、このゴミ収集所を見つけたのが雪国だったことから、この仕様を採用したのは、そのままゴミを置いてしまうと積もった雪に埋もれてしまったり、カラスをはじめとした動物たちに荒らされてしまう可能性があるためだと考えられる。

確かに私が住んでいる地域では、積雪もなければカラスや野良犬もほとんど見かけない。だから、「ゴミが雪に埋もれたり動物に荒らされるかもしれない」という問題設定自体が、現実的でないものになっている。

ゴミ捨て場には、ゴミを一定の期間ひとまとめにして放置するという機能があるため「放置してある間、いかに劣化させることなく保持し続けられるか」が重要になる。ゴミ捨て場の形状自体が、気温や野生動物といったそれぞれの環境が持っている、ゴミを保持するために考慮すべき条件の違いを示しているのだ。

4-4

4-4 シャッターの内側は

知人のお祝いにケーキを持って行こうと、先日見かけた洋菓子店に向かったところ、あいにく、お目当ての店は定休日で閉まっていた。仕方なく別の店に行こうと思ったのだが、シャッターの降りている店構えの様子が何となく気になった。小さな赤い庇《ひさし》が、シャッターの手前にポツンと設置されていたのだ。

もともと庇とは「人が雨や日光をしのぐ」ためのものなので、庇があるということは、その下は人が通ることを想定されているはずだ。つまり、シャッターの降りているところのうち、庇のある一部だけが、店の入り口になっているのだろう。

普通に考えれば、庇は最低限、入り口のドアの上だけにあれば十分だ。今回の例以外にも、小さい庇が入り口のところだけに付いている店舗は珍しくない。しかし、この店のように大きなシャッターの一部分だけに庇がある状態を目にしたとき、私には本来の店の出入り口が、シャッター全体の大きさであるかのように見えてしまった。そのため、「入り口はこんなに大きいはずなのに、何故庇がこんなに小さいのだろう」と違和感を感じてしまったのだ。

シャッターの大きさによって、店の出入り口の大きさの印象が操作されてしまった。周囲の環境によって認識する枠組みが変わってしまった事例である。

4-5

スタッフ
募集中!
詳細は
お問合わせください。
鍼灸院
自由が丘
働く女性を応援!
鍼灸院
自由が丘
205
2F

4-5 駐輪場の使い方

熱い日差しの中、探し物のためにいくつかの店をめぐりながら街を歩いていると、妙なものを見つけた。マンションの駐輪場に停めてある自転車の荷台に、飛び出るように箱が積まれており、それが店舗の看板として機能しているのだ。内容を読むと、どうやらこのマンションの二階にある鍼灸院の看板らしい。

マンションの一室で営業するという店舗はよくあるが、そのマンションの前に新しく看板を設置するというのは、結構大変だ。条例によっては景観に配慮する必要があるし、マンションの権利者にも許諾が必要になる。しかし、この建物が普段は住居として使われている以上、看板などでそこに店舗があることを伝えないと、客を捕まえることは難しい。

おそらくそんな状況下で考えられたのが、「マンションの駐輪場に停めた自転車のカゴに、看板を置く」というアイデアなのだろう。マンションの駐輪場に自転車を停めるという行為自体には、何の問題もない。そしてこのマンションの場合、幸運にも駐輪所は正面の道に面している。ルールを上手く利用することで、自転車に「乗り物」という本来の役割だけでなく、「駐輪場に停めることが許されている看板」という新しい役割を与えているのだ。

4-6

吸湿発熱
消臭機能

4-6 物言うシャツ

ホームセンターが好きで、よく訪れる。入り口には、その時々でこれから売り出そうとしている商品が並んでおり、先日私が行ったときは、ある高機能シャツが入口で大きく展示販売されていた。ハンガーにかけられていたそのサンプルを見たときに、つい足を止めてしまった。

そのシャツの胸には、大きく**「消臭機能」「吸湿発熱」**とプリントされていた。もちろん、プロモーションのためにわざわざ印字したものだろう。このサンプルが興味深いのは、商品自ら、効果効能を謳っているというところにある。しかも、どちらの言葉も漢字四文字で強引にまとめているので、どのような機能を持っているのかが見た瞬間に分かる。

サンプルの目的は、布の質感や色、襟の形状や袖の長さ、縫製の質など、パッケージの情報だけでは読み取れない品質を、具体的に確認するためにある。せっかく限られた空間でシャツを広げるのであれば、それ自体に商品の説明が書かれていれば一石二鳥だと、誰かが思いついたのだろう。もちろん、こうやって展示することで「このような文字が印刷されたシャツなのかもしれない」と誤解を受ける可能性もゼロではないのだが、むしろ実際の商品よりも、このサンプルという目的によって生み出された奇妙なシャツの方が自分は欲しくなってきてしまったのだった。

4-7

SAUSAGE
SAUSAGE McMUFFIN
MADE FOR YOU

4-7 三つの顔を使い分ける

散歩がてら久しぶりに、朝からメニューを提供している、ファストフード店に行ってみた。慣れないことをするとテンションが上がってしまうので、ついついこの時間だけ販売されているハンバーガーを二種類も頼んでしまった。

空腹だったこともあり一気に食べ終えた後、広げたままだったハンバーガーの包み紙をよく見てみると、実は二つは同じ包み紙だった。包み紙には三種類のハンバーガーの名前が書かれており、包む際に中心に置く位置を変えることで、三種類のハンバーガーすべてに流用できるようにしていたのだ。

この三つが朝だけの限定メニューであることから、コスト削減のためにこのような仕掛けをしていたのだろう。日本中で一日に売れる数を考えると、三種類わざわざ作らないといけないものが一種類で済むとなれば、かなりの効率化になるはずだ。

この包み紙のような「あらかじめさまざまな可能性に使えるように一つのシステムを設計しておく」という考え方は非常に面白い。大量生産が必要になる商品やサービスを扱っている企業が効率化やコスト削減のために行っている工夫の中には、実はさまざまな発想が潜んでいるのだ。

第5章
世界の中から構造を発見する

5-1

回収終了

5-1 一度の操作で二つの機能

よく散歩する公園の近くのゴミ捨て場に、カゴがひっくり返った状態で落ちていた。気になって近づいて見てみると、カゴがひっくり返されて、底面に貼られていた「回収終了」の文字が見えるようになっていた。

つまりこれは、資源ゴミの回収が終わった後にゴミを入れさせないための工夫だ。極めて単純だが、非常に良くできたアイデアだと思う。

特に秀逸なのが、底面に貼られている「回収終了」というプレートだ。

もし、このプレートがなくただカゴをひっくり返しただけでは、回収後に再びゴミを入れられてしまうかもしれない。しかし、裏側にたった一言、このようなメッセージを入れておくことによって、「もう本日の回収は終わった」ということがハッキリ明示される。これを再度ひっくり返してゴミを入れてしまおうとする人は、そうそういないのではないだろうか。

このように、ひっくり返すという一つの操作だけで、カゴとしての機能を一時的になくしながら、人に注意を促すという二つの機能を盛り込むのは非常にうまい仕組みだと思う。

5-2

こしあん
クリーム
チョコレート

5-2 作り足されたレイヤー

ある展示を見るために、遠い観光地を訪れた。始発の飛行機で向かったため、早く着きすぎて時間を持て余してしまい、街を散歩していた。あてもなく歩き続けるのにも飽きたので、インターネットで周辺のことを調べてみると、どうやら人気のパン屋が近所にあるらしいということが分かり、朝食を買いに行ってみることにした。

入り口に少しだけできていた行列を待って、いくつかある種類の中から「こしあん」「クリーム」「チョコレート」の三つのパンを選んだ。三つとも大きさは微妙に違うが、外から見ただけでは、どれがどれだか分からない。買った直後は分かるだろうが、しばらく持ち歩いていたらきっと分からなくなってしまうだろう。

そんなことを考えていたら、写真のようにパンの入った袋の上から、ぴったりパンと重なるようにシールが貼られた状態で渡された。直接名前を書くことができないのであれば、一つ外側にレイヤーを作り、そこに書けばいいというわけだ。確かにこれは分かりやすい。

非常に簡単だが効果的なこの方法に感心しながら、一つ目のパンを袋から取り出した。

5-3

du Champ

5-3 「いらっしゃいませ」が含む意味

通勤途中で立ち寄った店で、先日こんなことがあった。その店には、入り口近くにレジが二つあるのだが、右のレジでは別の客が会計中だったため、空いている左のレジに向かうことにした。しかし、左のレジにいた店員は、しばらく客がいなかったためか、だいぶ集中して手元の書類に見入っていた。私が近づくと、それに気づいた右のレジで会計中の店員が、さりげなく私に「いらっしゃいませ」と声をかけた。するとと、書類を見ていた店員はふっと顔を上げて私に気づき、会計を始めた。

つまり、店員が発した「いらっしゃいませ」という言葉は、私（客）が「すいません」と声をかける前に、同僚に客が来ているということを知らせる合図だったのだ。

挨拶という、客への親切な対応の形を取りながら、自然と同僚に注意を促しているところが非常に巧みで、感心してしまった。複数の情報を一つの言葉に込めることでできる、とても高度なコミュニケーションだと思う。

5-4

5-4 赤青鉛筆の秘密

普段、あまり力を入れずにサラサラと紙にアイデアを書き留めたいという意図で、6Bの鉛筆を使っているのだが、原稿や資料の修正指示を入れるときには、赤鉛筆と青鉛筆が一本になった赤青鉛筆を使っている。赤青鉛筆は、筆箱に入れずに持ち運ぶことが多いので、軸に傷がついてしまうことが多い。別に多少傷がついても構わないのだが、どこか違和感を感じたのでよく見てみると、青鉛筆の部分にできた傷が赤くなっていた。

おそらくこの赤青鉛筆は、最初に軸全体を赤く塗った後、青い芯が入っている半分だけを、青で上塗りするという工程で作られているのだろう。確かに二つの色を中心から半分ずつ塗ろうとすると、位置合わせが大変だし、塗り残しの可能性も出てくる。そして赤→青の順で塗れば、重ね塗りによる色変化の影響もほとんどないはずだ。

このように、日常的に見知った物でも、傷やほころびの部分を見ていくと、どのように作られたのかという工程だけでなく、密かに作り手が編み出していた創意工夫を垣間見ることができる。

5-5

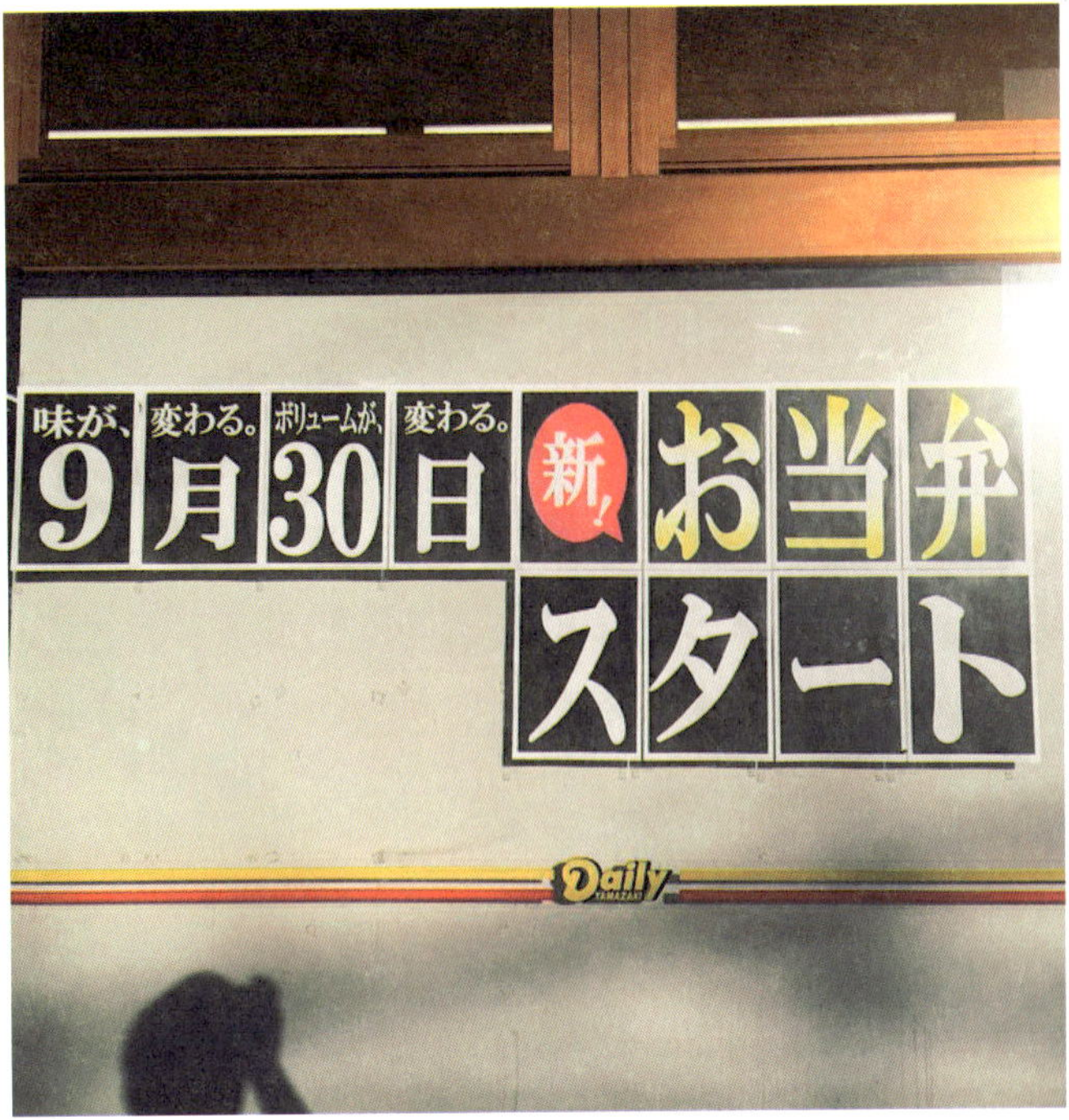

味が、
変わる。
ボリュームが、
変わる。
9月30日
新!
お弁当
スタート
Daily

5-5 ヱヅーの生まれ方

コンビニエンスストアの店舗の前ではよく、お知らせとして、複数枚組み合わせたA4用紙が貼られていることがある。大判のポスターサイズで印刷することを考えると、印刷用のデータを作るための労力や印刷費など、さまざまなコストがかかってしまうため、気軽に作ることができない。そのため、季節ごとに貼り出されている店独自のメッセージなどには、家庭用プリンタで出力したA4用紙を使っていることが多い。そして、家庭用プリンタだけで、できるだけ大きくメッセージを表示するための工夫として、「A4用紙一枚につき、一つの文字を割り振って出力する」という方法を誰かが発明した。それが今や、日本中のコンビニエンスストアで見られる、現代日本の風景の一つになっている。

このような背景から生み出された、この写真の「九月三〇日新お当弁スタート」という文章は、通常通りキーボードで打ったときには起こらないような間違いが起きていた。「お当弁」という誤植は、文字を打って出力する段階ではなく、その後の紙を貼る工程で、その並び順を間違えなければ起きないエラーだ。

間違いというのは、人間の行為や選択した手法が色濃く反映されている。だから、逆にエラーを丁寧に観察することで、どのような考えや背景によってこの現象が成立しているのかを推測することができる。

5-6

5-6 冬の夜のサイレン

秋から冬になろうかという、ある静かな夜のことだ。急に寒くなったため、まだ暖房の準備をしていなかった私は、布団に潜り込んだものの寒さで寝つけず「明日はこの寒さをなんとかしないとまずい」と考えながら天井を見ていた。すると、遠くから救急車のサイレンが聞こえてきた。そのまま耳をすましていると、次第にサイレンの音が大きくなってきた。私の自宅の前は大通りなので、「この道を通って先にある大きな病院に向かっているのだろうか」と思っていると、サイレンは一番大きな音になった瞬間、ピタリと止まった。

「あ。」

　サイレンが止まったということは、そこには何らかの事情で救急車に頼らなければいけない人がいるということだ。実際に停まった救急車をこの目で見なくても、確かにそこが現場だということがハッキリと分かった。しばらく物音一つない深夜の静けさが続いた後、再びサイレンが鳴り出した。その音は、来た道を引き返すのではなく、近所の大きな病院のある方向へと遠ざかって行った。

5-7

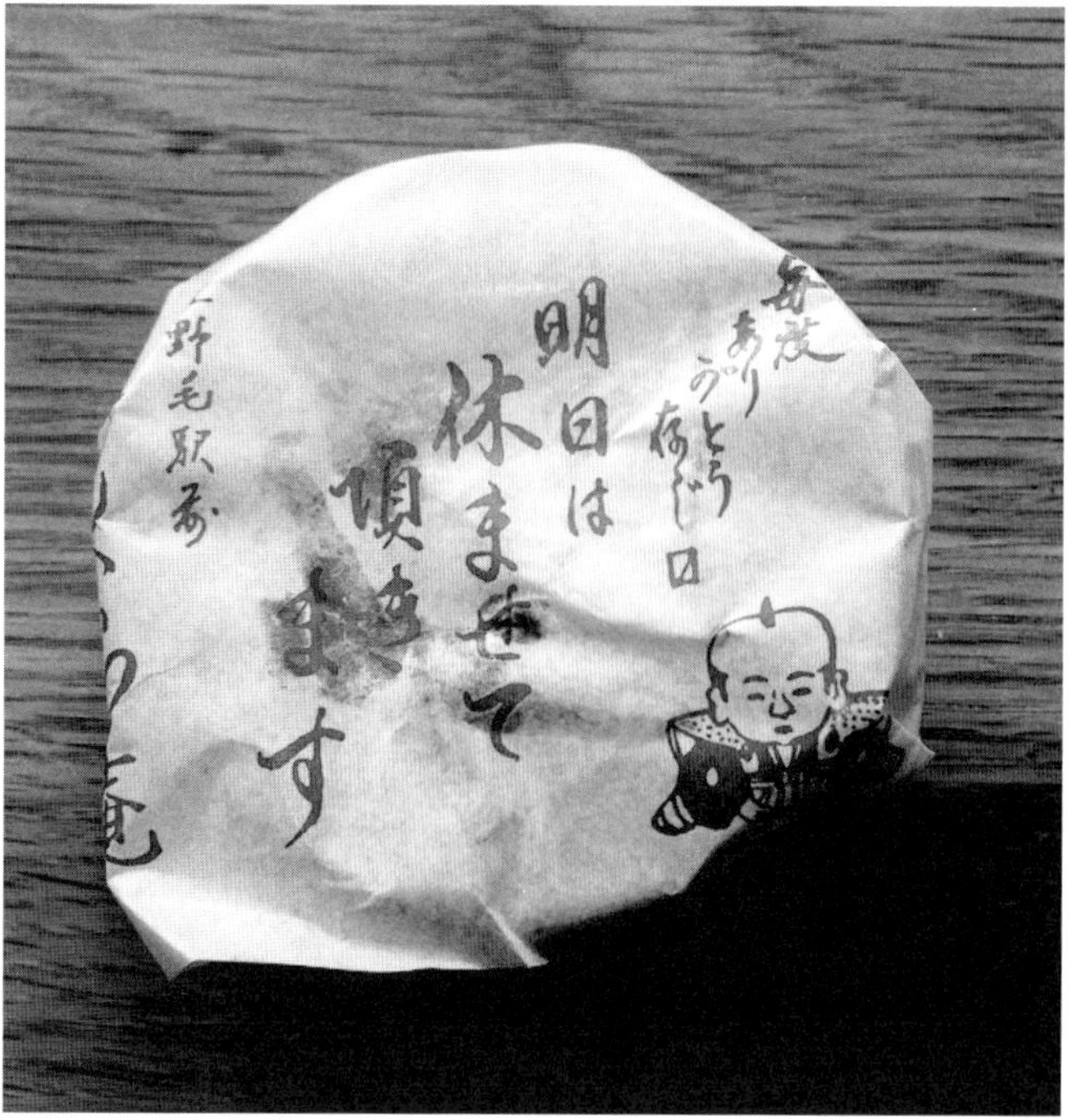

毎度ありがとう存じ
明日は休ませて頂きます
野毛駅前

5-7 包み紙によるメッセージ

朝から夕方まで一日中講義が入っている日が週に何度かあるのだが、会議などで昼休みを有効に使うために、出前を取ることがある。この日は、いつも目の前を通り過ぎていたそば屋に出前を頼んでみた。

昼になり、届いていたそば定食を食べようとお盆を取ると、お新香を覆っていた包み紙に、「明日は休ませて頂きます」と書かれていた。

店の名前も入っていることから、きっとこの「明日は休ませて頂きます」という文章は、この店がわざわざ、客に対してのメッセージとして作ったものだということが分かる。しかし、この包み紙の内容からすると、「今日」、つまり休日の前日のみにしか使えない。

わざわざこんな特別な包み紙を用意してまで、休日のアナウンスをしているということから推測すると、この店には、出前を頻繁に頼む人たちが多く、その人たちのために休日をアナウンスする必要があるのだろう。そしてそれは同時に、「包み紙を変える」という、普段とは異なる作業を行うほどの価値があると、店側が考えているということまでもが読み取れる。

第6章

理解の速度を推し量る

6-1

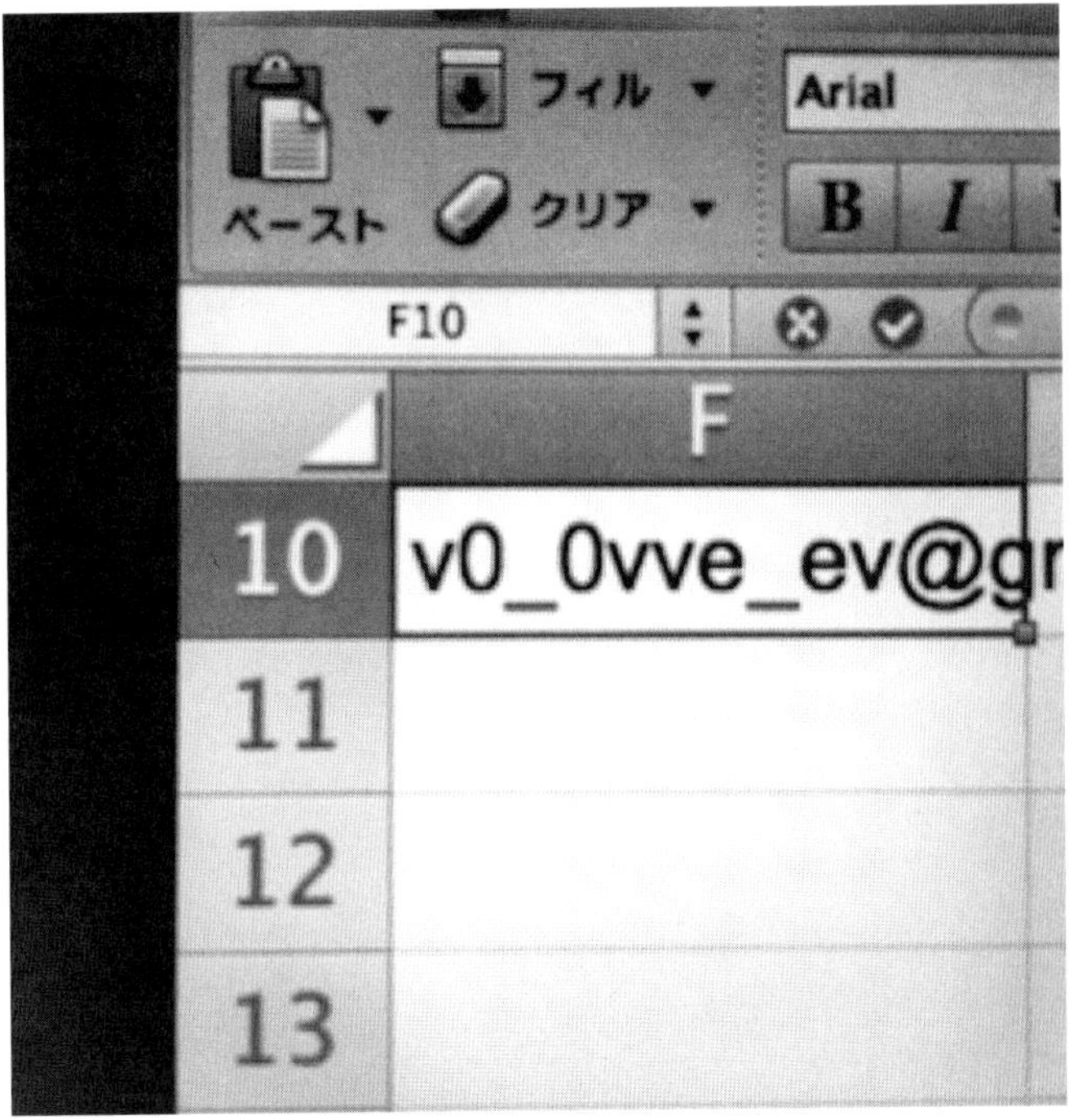
フィル
Arial
ペースト
クリア
B
I
F10
F
10
v0_0vve_ev@g
11
12
13

6-1 顔に見えるメールアドレス

メールが重要な連絡手段になって久しい。仕事柄、さまざまな人と会い取材をすることも多いのだが、その際に連絡先を聞いた人の一人に「v0_0vve_ev@〜」といったようなメールアドレスを使っている人がいた。

普通に読んでいると何の意味もない文字列なのだが、一度このメールアドレスを「二つの顔がVサインをしている」というように解釈すると、急に無意味な文字列ではなく「顔」にしか見えなくなってしまう。

最初は「なんで顔文字なんか……」とも思ったのだが、メールを送ろうとアドレスを入力したときに、このアドレスの思わぬ利点に気がついた。メールアドレスを手で打ち込むときは入力ミスが起きやすいのだが、このメールアドレスだと、一文字ずつ照合することなく、絵として「顔に見えるかどうか」をチェックすればいいのだ。

このような利点を当人が意識していたかは分からないのだが、私たちが持っている認知能力が人為的なミスを検出するために上手く使えているという状況は非常に面白い。

6-2

ホットコーヒー
R
REGULAR
普通
L
LARGE
大きい
小
ICE COFFEE
アイスコーヒー
R
REGULAR
普通
L
LARGE
大きい
ICE COFFEE

6-2 「普通」が分からなくなるとき

コンビニのコーヒー販売機のサイズを選択するボタンに「小」というメモが貼られていた。

そもそも、そのボタンには「REGULAR」、下には日本語で「普通」と大きさが示されている。つまりこの「小」という文字は、「普通」という表記では伝わらなかったがために貼られたのだと推測できる。

確かに、「普通」とはあくまで基準を示す言葉であり、大きさを示す言葉ではないため、「あなたが飲みたいのは〝大きい〟サイズですか？

それとも〝普通〟のサイズですか？」と並べて聞かれると一瞬戸惑ってしまう。

一方、「あなたが飲みたいのは〝大きい〟サイズですか？　それとも〝小さい〟サイズですか？」と聞かれれば、具体的な大きさの概念を比較していることが明確になる。

おそらくこのメモを貼った人は「小さい方はどっち？」と聞かれ続けたために、このような判断をしたのだろう。このような状況に遭遇すると、人間の概念理解のメカニズムの一端に触れたようで少し嬉しい。

6-3

5000

6-3 お釣りの渡し方

書店で四九九円の本を一万円札で支払うと、お釣りは九五〇一円となり、内訳は五千円札一枚と千円札四枚、五百円玉一枚に一円玉一枚となる。会計の際、店員がお釣りを確認してくれたのだが、まず千円札を一枚ずつ「一〇〇〇、二〇〇〇、三〇〇〇、四〇〇〇」と数えながら四枚渡され、最後に五千円札を「九〇〇〇円」と言われながら渡されたときに、妙な違和感が私の中で生まれた。

もちろん、店員の計算が間違っていたわけではない。ただ、以前同じような会計をしたときのことを思い出してみると、まず五千円札を渡して「五〇〇〇」と数えてから、千円札を一枚ずつ、「六〇〇〇、七〇〇〇、八〇〇〇、九〇〇〇」とただ数え上げるだけで良かったのが、今回は千円札から始めてしまったため、最後に四〇〇〇から九〇〇〇への足し算によるジャンプが起こってしまったのだ。

あまりに簡単すぎる計算ではあるのだが「頭の中で計算して合っているか検証する」ということに、私は小さなストレスを感じてしまい、それが違和感として現れたのだと思う。

6-4

禁煙にご協力下さい

6-4 「使用禁止」の伝え方

最近はさまざまな条例ができて、タバコの分煙がいたるところで進められている。よく行く喫茶店も禁煙と喫煙の客を分けて座席をレイアウトしているのだが、当然のことながらトイレは分けるわけにはいかない。

この喫茶店のトイレには、建物が古いということもあり、壁のタイルに一体化した形で灰皿が備え付けられていた。しかし現在では、写真のように「禁煙にご協力ください」というラベルとともに、その灰皿が使えなくなっている。

ここで注目すべきは、灰皿を使用禁止にするための方法だ。この店では、「禁止」とハッキリ書いた貼り紙を貼ったり、灰皿自体にフタをして埋めてしまうのではなく、鈴やゲームの駒のような物を置くことで、「何となく、そこに火のついたタバコを押し付けて、灰皿として使うのは避けたい」という感じを醸し出している。

正論による説得や注意ではなく、誰しもが持っている生理的な不快感のようなものを使って行為を抑制する方が、より効果的ということなのだろう。

6-5

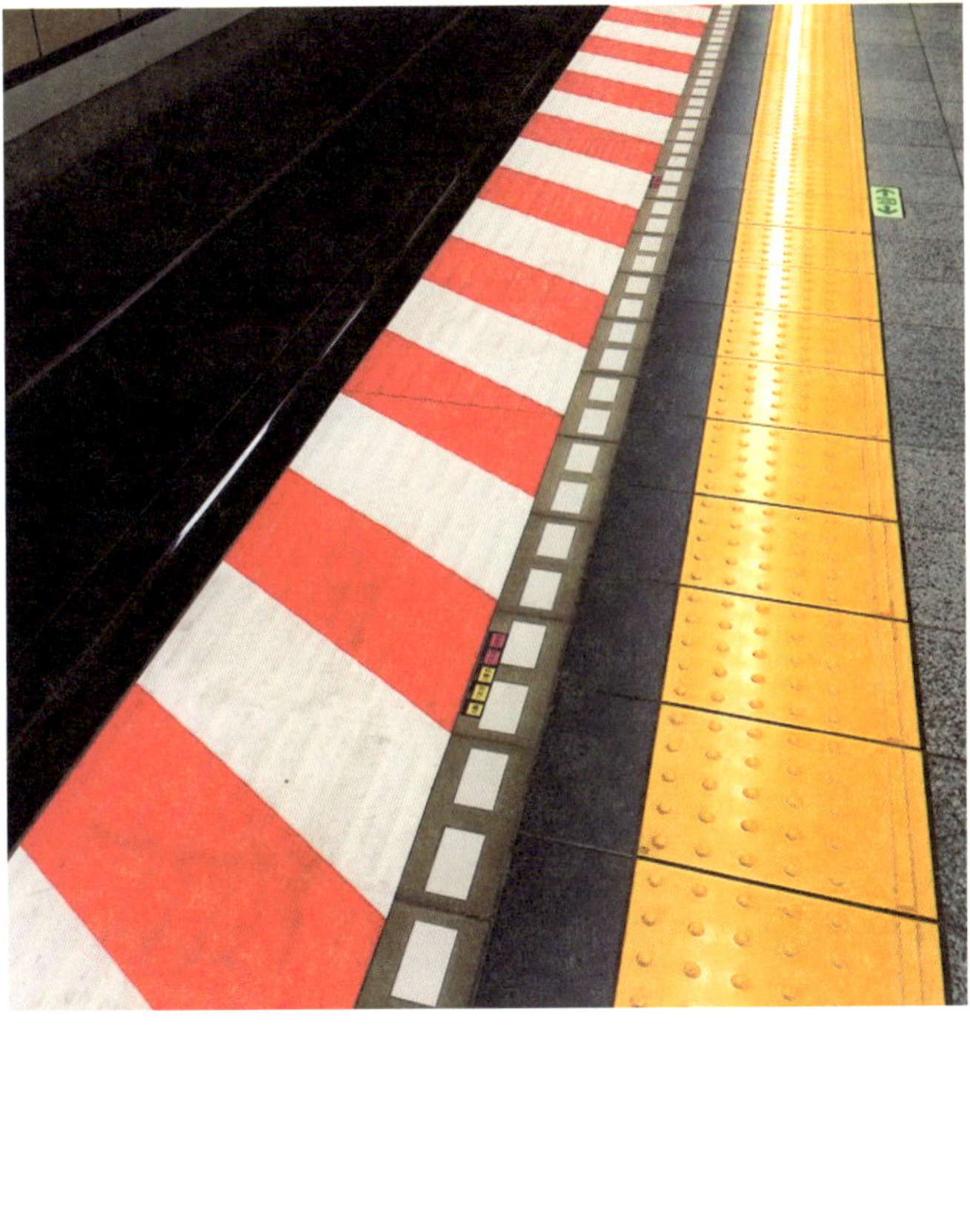

6-5 白線の中と外

駅のホームでは、電車が到着しようとするたびに「白線の内側にお下がりください」というアナウンスが流れる。高速でホームに走り込んでくる電車に巻き込まれないために、乗客は一定の間隔を取っておく必要があるからだ。

しかし問題は、あくまで白線は概念的な目安であるということだ。もちろん、白線の外側が危険なエリアであるということは十分承知しているのだが、見た目にはあくまでただの線なので「外に出てはいけない感じ」がどうしても弱い。

そこでこのホームでは、実際に白線の外側をすべて紅白の斜線で塗りつぶすことで、見ただけで「ここには入ってはいけない」という感じを出すことに成功している。

確かに駅のホームのような、一瞬の判断が生死を分けてしまうような環境では、本能的に「入ってはいけない感じ」を読み取らせて、咄嗟に反応できた方がいいはずだ。色が生み出す工夫には、人々の行動をコントロールできる可能性がまだまだある。

6-6

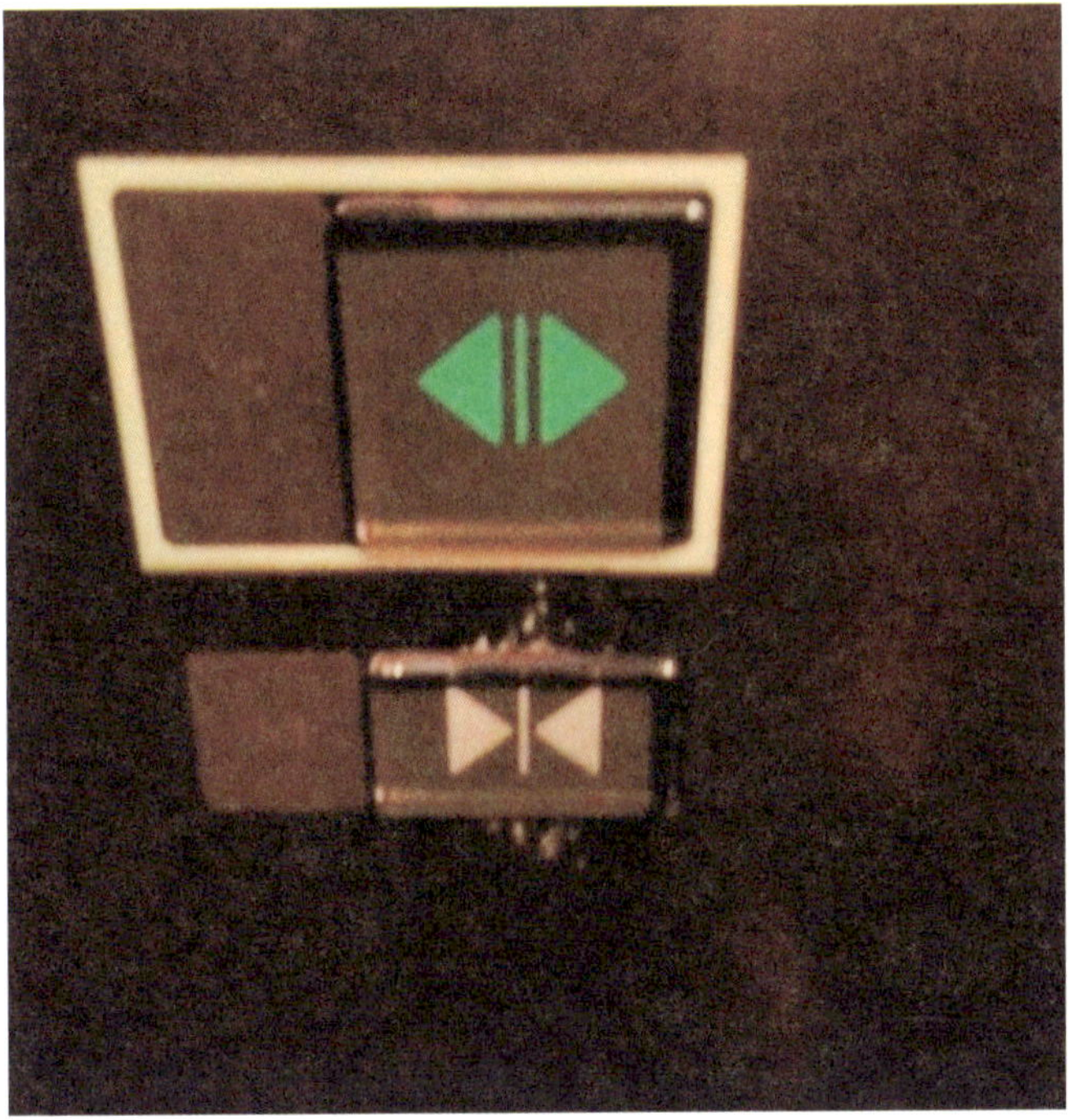

6-6 とっさに押す方のボタンは

仕事で訪れたビルのエレベーターに、一つだけ他のボタンに比べてかなり大きい「開」ボタンが設置されていた。同等の機能を持つ「閉」ボタンに比べても明らかに大きい。おそらく「開」ボタンの方が、単に押す頻度が高いというだけでなく、急いで押す機会が多いということなのだと思われる。当たり前のことだが、大きいボタンはよく目立ち、真っ先に目に入ってくるため、とにかく急いでボタンを押す状況において迷うことがない。

確かに「自分が降りようとしているのにドアが閉じかけている」時や「閉じつつあるドアの隙間から慌てて乗ろうとしている人が見えた」時といったように、急いで「**開**」ボタンを押さないといけない状況というのは、容易に想像ができる。

私たちにとって、やりたい操作が決まっているのにもかかわらず、迷ってしまうということは相当なストレスになるし、ミスも生みやすい。かなり強引なやり方ではあるが、これは非常に効果的に操作のストレスを低減する方法なのではないだろうか。

6-7

6-7 誰でも分かるエラーの形

よく利用する駅のホームに、気がついたらフェンスが設置されていた。これもホームドアの取り付けなどのように、安全対策の一環ということなのだろう。

設置されたフェンスをよく見ると、下部に目立つ色でボルトが留められている。ボルトを見ると、締められているオレンジ色の土台にまたがるように、くっきりと白い線が引かれていた。つまり、この線がまっすぐになっているかどうかを見るだけで、もしボルトが緩んだとしても、すぐに検出することができるのだ。

駅のような長く使われる公共施設の場合、ボルトを締める人とメンテナンスをする人が同じとは限らない。年月が経過する間に担当者が変わることは当然起こりうる。そしてボルトの緩みといった安全に関わるものの場合は特に、いつ誰が確認をしたとしても、正しく締められた状態であるか検出できないと困る。ボルトが緩んでいるかどうかが、締めた本人しか分からないということでは深刻な問題に繋がる可能性がある。このボルトに引かれた白い線は、いつかボルトの緩みを確認する未来の誰かが困らないための、メッセージでもあるのだ。

第7章

リアリティのありかを突き止める

7-1

だれでもトイレ
使用中
だれでもトイレ
Multifunction toilet

7-1 生々しさの発生

よく仕事で訪れる駅の改装工事が終わり、「だれでもトイレ」の外に電光掲示板が取り付けられた。その電光掲示板を見て、すごく生々しい気持ちが沸き起こってきた瞬間に撮ったのが、この写真である。

一般的なトイレの個室は、鍵がかかっているとドアに赤い印が見えるため、「赤いということはドアが閉まっているので、使用中だ」と、目に見えた情報から間接的に状況を理解する。

しかし、電光掲示板に大きく表示された「使用中」という文字は、いつものように目に見えた情報から察する間もなく「今まさにこの中で用を足しています」という事実を直接的に私たちに突き付けてくる。そのため「想像しよう」と思って想像するのではなく、文字を見た瞬間に強制的に中の様子をイメージさせられてしまい、生々しい気持ちが生まれてしまったのだ。

と、そこまで考えた後で、「答え合わせ」はしたくないなと思ったので、足早にそこを去りホームへと向かった。

7-2

1000

7-2 シワの取られた千円札

その日はかなり暑く、ひどく喉が乾いていたため、近くの自動販売機で何か飲み物を買おうと、財布にあった千円札を入れた。

さて、何にしようかなと思った瞬間、目の端にコンビニエンスストアの看板が見えたため、どうせなら飲み物の選択肢の多いところから選んで買おうと、おつりの返却ボタンを押して、自動販売機から千円札を取り出したところ、自分の心の中に小さなざわめきが起こった。

最初に私が自動販売機に投入した千円札はシワシワのものだったのだ

が、返却ボタンを押して出てきた千円札は、真ん中に折り目がついただけの、シワのない綺麗なお札だったのだ。

普通に考えれば、私が投入した千円札とはまったく違う千円札が返却されてきたと判断するべきなのだが、最初に私の心の中に浮かんだのは、「自分の投入した千円札がそのまま、自動販売機の中できれいにシワを取られて出てきた！」という気持ちだった。

このように、理屈で考えた正しさより、目の前の物事の変化から導いた強引な因果関係の方を、心にしっくりくる最適解だと判断してしまうことがある。

7-3

7-3 理想の風の姿を見る

近所の商店街にとてもおいしい豆腐屋があり、毎朝前を通るたびに工房の様子を眺めるのを楽しみにしているのだが、店の軒先の端にある小さな通風口の様子がとても興味深く、つい見とれてしまった。通風口の先には、一本の紐がぶら下がっており、通風口から流れる空気によって、紐がただひたすらに回転をし続けていた。

この紐がもともと何のために付けられたのかは分からないが、紐があるおかげで、人間の目には見えない空気の流れを見ることができるようになっていた。おそらく、通風口の奥に設置されているであろう換気扇が回転していることにより、通風口から、らせん状の気流が流れているのだろう。その空気の流れに従って紐はぐるぐると円を描きながら動き続けていた。

このような形で、紐を手がかりとして普段は見えないものが見えてしまうということは、理屈では知っている概念の理想の姿を目の当たりにしているということでもある。だからこそ、豆腐屋の前で排出される風の姿を見ることができた私は、思わず見とれてしまったのだろう。

7-4

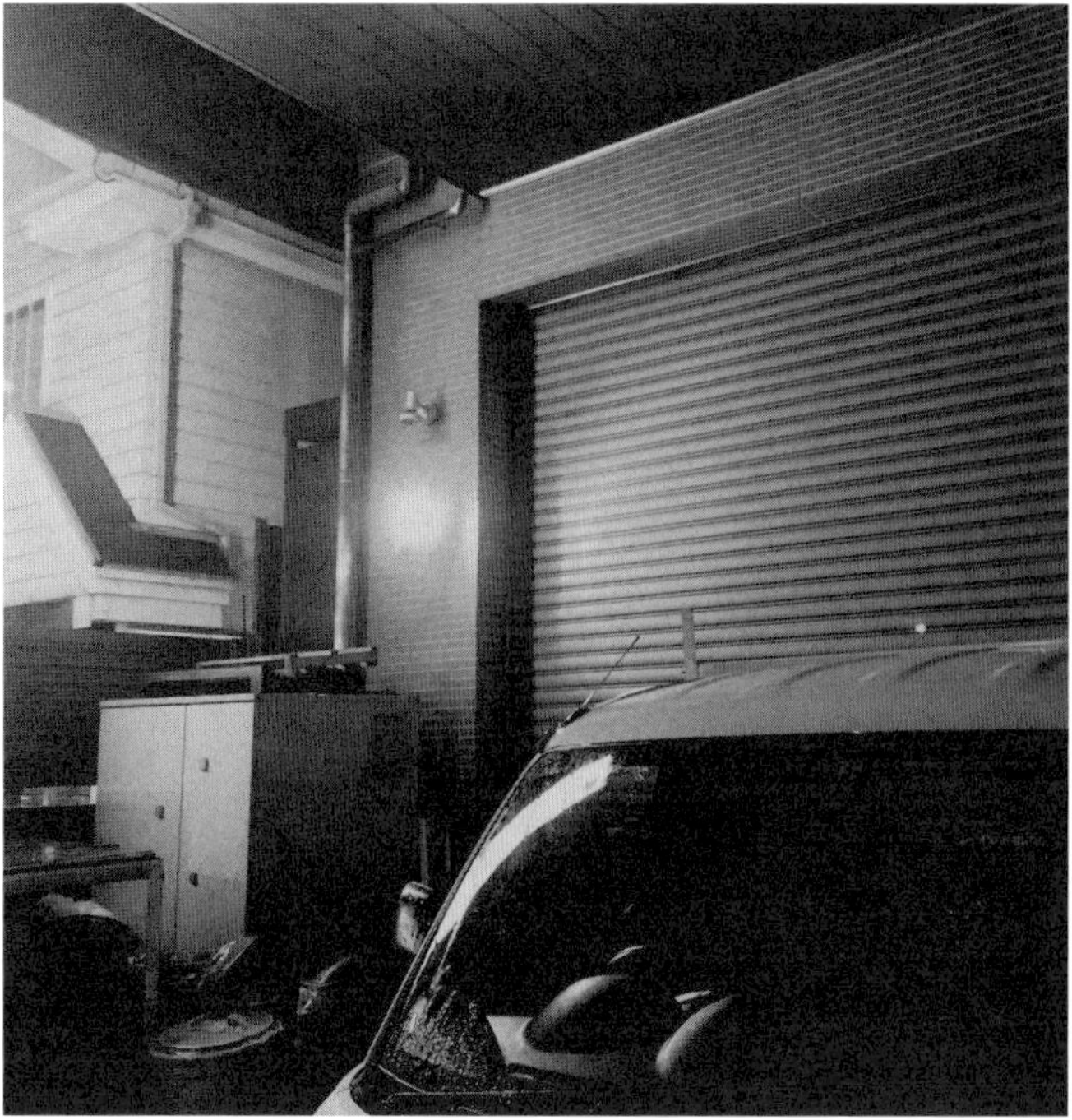

7-4 因果関係をでっち上げるタイミング

駅から少し離れたところにあるギャラリーまで歩いていた。まだ夕方だが、この日は既に日が落ち、辺りはすっかり暗くなってしまっていた。その道中、倉庫の横を通りかかった瞬間、一斉にライトが点灯し、通り全体が明るくなった。

あまりにタイミングが良かったため、一瞬、私の動きに合わせてセンサーで点灯したのかと思ったのだが、実は私は車道を挟んで倉庫の向かい側の歩道を歩いていたため、それは考えにくい。しかも、点灯したライトは、倉庫全体を照らすかなり大掛かりなものなので、わざわざ人が通るたびに点けたり消したりするのはあまりに非効率で、現実的ではない。

こういったことから総合して考えると、普段からライトが自動点灯する時間が決まっており、私が通りがかった瞬間が、偶然その時間だったのだと思われる。

このように落ち着いて考えれば、私が前を通ったときと点灯のタイミングが偶然同期したということが分かるのだが、目の前で遭遇した私には、同期しているというだけで、自分が点灯のトリガーになったのではないかと思い込んでしまったのだ。

7-5

平成14年12月10日発覚
見覚えはありませんか!?
質
事件発覚の前日、
12月8日から9日にかけて
12月としては記録的な大雪が降りました
北砂七丁目質店経営者夫婦強盗殺人事件の捜査に協力する
懸賞金300万円

7-5 記憶の糸口

何年か前の話になるのだが、普段は素通りしている駅のポスターに目が留まったことがある。それは、ある殺人事件の犯人逮捕につながる情報提供を求める、懸賞金付きのポスターだった。

私がその事件と何か関わりがあったというわけではないのだが、「見覚えはありませんか？」という見出しから始まる「事件発覚の前日、／一二月八日から九日にかけて／一二月としては記録的な大雪が降りました」という文章が気になったのだ。

そもそも、自分と無関係の、しかも一年近くも前の日のことを思い出すのはかなり難しい。

しかし「記録的な大雪が降りました」と書くことで、「ああその日は恋人と映画を観に行く予定だったのだけど、電車が止まって大変だったな」などといった、それぞれの人たちの「大雪の日にあった出来事」の記憶を呼び起こすことができるのではないかと思う。

こういった記憶は「エピソード記憶」と呼ばれているのだが、このポスターのように芋づる式に記憶を引き出そうとする工夫はとても興味深い。

7-6

7-6 風を増幅する装置

展示の試作をするために、ホームセンターで大きなスチレンボードを購入した。大きなものを買ったときには、できるだけ配達してもらうようにしているのだが、このときはすぐに必要だったため、自分で持って帰ることにしたのだった。

どう見ても袋には入りきらないこのボードを、店員はどのように梱包するのだろうと眺めていると、大きな板状の商品を持って帰る客はよくいるようで、手際よく、ボードの真ん中あたりに取っ手を付けて、脇でうまく挟みながら持ち歩けるようにしてくれた。

持ってみると、確かにこの持ち方は運びやすい。ところが上機嫌のまま店を出た瞬間、強い力で体全体が大きく揺さぶられ、危うくバランスを崩して倒れそうになってしまった。なんとか体勢を立て直して歩き始めたのだが、そこまで強くない風でも、吹くたびに体が揺さぶられて、なかなかまっすぐ歩けない。

どうやらこの大きな板を持ち運ぶと、ちょっとした風でもすべて受け止めてしまうため、普段は意識しないほどの弱い風も増幅されて、大きな障害になってしまうようだ。一つひとつは取るに足らないものでも、集めてみると急にその存在が強く認識されてしまうことがある。

7-7

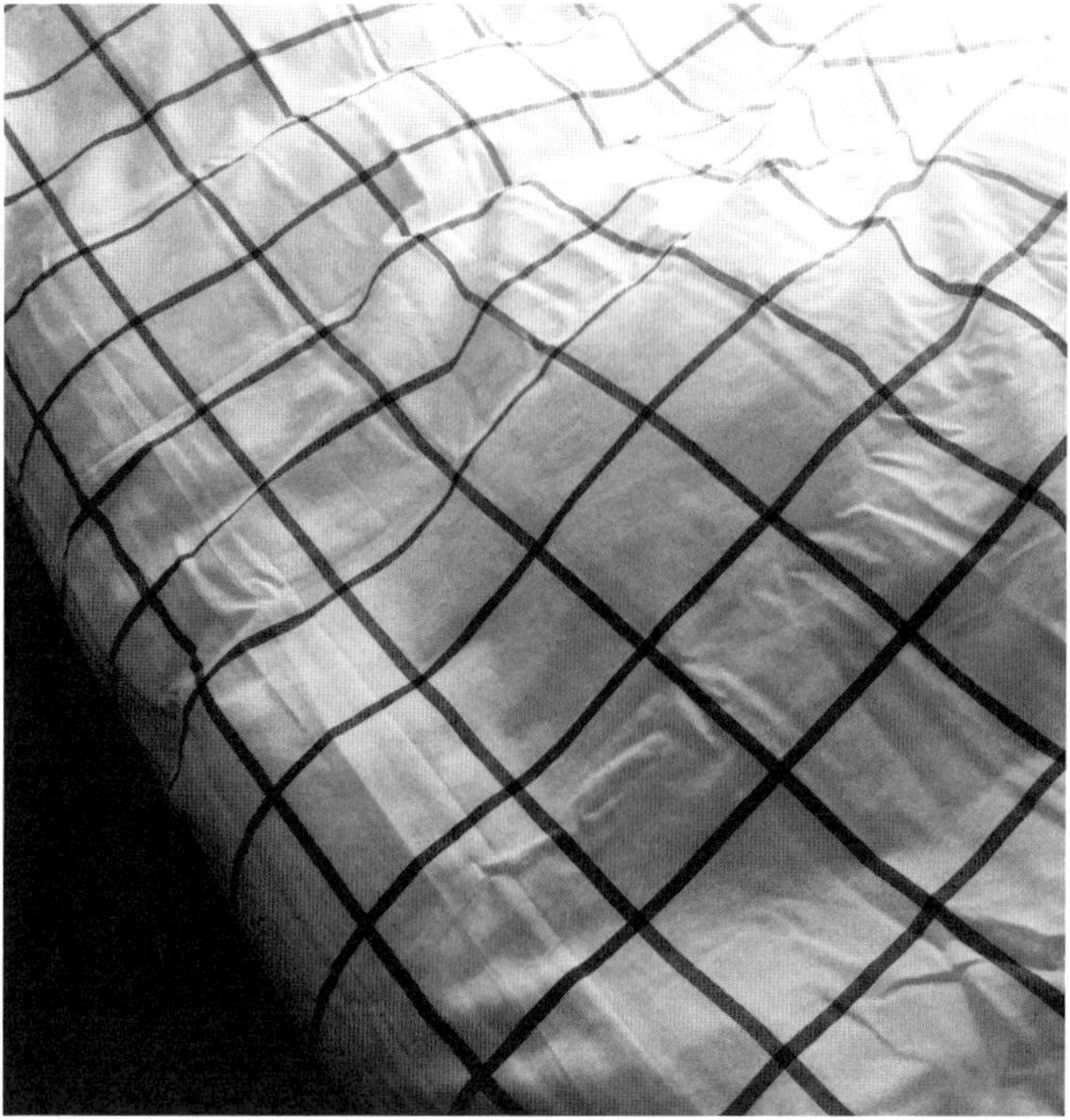

7-7 潜在的にある記憶

集中して片づけなければならない仕事があり、朝からずっと机に向かっていたのだが、気分転換にテレビを点けると、少し前にやっていたらしきドラマの再放送が流れていた。

するとどうやら、これからベッドシーンに差し掛かりそうだった。興味もないので別の局に替えようと画面を見ると、明らかに見覚えがあるものが、そこには映っていた。

私は一瞬で、画面に映っていたベッドの布団が自宅にあるものと同じ柄のものだということが分かった。普段、自分の使っている布団の柄なんて気にも留めていないし、これを書いている今でさえまったく思い出すことができないくらい、柄には関心がない。

しかし、あのときは見た瞬間「あ、ウチのだ」と分かってしまった。同じ番組を観ている人の中で、布団の柄に注目しているのは確実に私一人だろう。しかもそこでは、ベッドシーンが繰り広げられているのだ。

誰が悪いわけでもないのだがどこか心にモヤモヤとしたものが残るので、この作業が終わったら布団カバーを買いに行こうと考えながら、私はテレビを消した。

第8章
コミュニケーションの帯域を操作する

8-1

おすい

8-1 地下を流れる綺麗な液体

考え事をするとき、積極的に散歩をするようにしているのだが、偶然下を向いたときに目に入ったマンホールのフタに、ひらがなで「おすい」と書かれていたのが気になった。

もちろん、マンホールなので、この文字の意味するところは間違いなく「汚水」のことなのだが、私にはもっと綺麗な液体が地下を流れているように見えてしまった。

そもそも、マンホールにひらがなで表記していたのは、どんな人や状況でも、間違いなく読めるようにしたためだろう。漢字をひらがなに「ひらく」ことによって、誰もが読めるように情報をコントロールしたのだと思う。

しかし、世の中を見渡してみると、「おすい」という音を聞く機会はほとんどなく、実際には「汚水」と漢字で書かれた文字を目にする方が日常的だ。だから私には、普段ひらがなで表記されていることが多い「おすいもの」といった、別の「日常的に触れているもの」の知識が呼び出されてしまい、マンホールであることとは関係なく、単に文字の見た目の連想だけで、「綺麗なもの」という真逆の感覚を抱いてしまった。

ある読み取らせ方をしようと試みた結果、まったく違う方向に解釈されてしまうということが、ここでは起こっていたのだ。

8-2

この先
片側交互通行

8-2 新しい注意の作り方

先日、いくつかの美術館を巡りに東北の方に行った。利便性から、新幹線でターミナル駅に着いてからはレンタカーを借りて車で移動していたのだが、ある地域を走っていると、ときどき道の上に連なった輪のようなものが置かれているのが気になった。

その上を走ると、当然のことながら規則的な振動が起こる。そしてしばらくすると、工事現場に遭遇した。つまり、看板を置くなどといった視覚的な注意喚起だけでなく、敢えて段差を作り、その上を走る車に振動を伝えるという形で新しい注意喚起をしていたということになる。

確かに私たちは普段、認知の大部分を視覚に委ねている。特に車を運転するというときには、高速でさまざまな状況を判断する必要があるため、目は前方を見て注意し続けなければならない。しかも、ずっと運転を続けていると、見ている景色や看板に対しての慣れも発生してくるだろう。このような状況でさらに、「この先で工事をやっている」という情報を、新鮮な情報として伝えるために、振動という視覚とはまったく別の情報を与えているのだろう。

運転中に提示されるほとんどの注意喚起とは異なる知覚に訴えかけることで、あの道の上に置かれた輪は新しい注意を生み出していたのだ。

8-3

8-3 騒音をすり抜ける声

たまに行く中華料理店があるのだが、繁盛店のため、夜に行くといつも広い店内は客でぎっしりと埋まっている。このようなカジュアルな飲食店で客が多いということは、それにともない、客の話し声の総量もかなりのものになる。

酒の勢いも手伝って、周囲が騒がしく自分たちの話し声が聞こえないとなると、さらに自分たちも声量を上げるようになるため、必然的に店内は、どんどん騒がしくなっていく。そうなると、スタッフ間の意思疎通にも支障が出そうだなと思い、店員の様子を観察していたのだが、なんと店員は客から注文を受けると、その内容をそのまま厨房に肉声で伝達していた。そのときの店員は特に大声で叫んでいるという様子ではなく、むしろ通常の音量だったと思う。にもかかわらず、この喧騒の中、スムーズに注文が厨房に通っていたのだ。

唯一違ったのは、店員が話していたのは客が話している日本語とは違い、中国語であったということだ。言語によって周波数が微妙に違うのか、それともある言語に意識を絞ったときには、それ以外の言語がノイズになってしまうのか、詳しくは分からないが、とにかく多くの日本語が飛び交う中、別の言語を話すことによって音をうまくすり抜けてコミュニケーションを取っている状況が、そこには成立していたのだった。

8-4

ベ
手前

8-4 強引な解釈を要求する矢印たち

いつも当たり前のように解釈しているものでも、よく考えるとなぜ解釈できているのか不思議に思うものがある。普段街中で見かける、看板などに描かれた上向きの矢印（↑）を見ると、私たちは「進行方向にまっすぐ進め」という解釈をするわけだが、記号の方向だけで解釈すると看板の上を指していることになる。さらに写真のような矢印になると、隣に「手前」と言葉で書いてあることから、「進行方向より手前に少し戻ったところにある」という意味なのだろうが、図を正直に解釈すると「上に昇って下に降りる」という現実的にはありえない意味になってしまう。しかし、矢印を使ったこのような指示は、私たちの身の周りでは説明されることなく当たり前のように使われている。

「まっすぐ前に進め」という指示をする際に、奥行きを持たない看板で進行方向を表現するための苦肉の策として、矢印を垂直方向に描く工夫をしたのだろう。その結果私たちは、特定の看板において「垂直方向の矢印は進行方向を示したものとして解釈する」というルールに従うこととなった。

私たちの身の周りには、このように直感的な解釈と明らかに違うにもかかわらず、当然のルールとしていつの間にか定着しているものがたくさんある。しかし、そのルールは本当にこれでいいのか、見直してみる視点も必要なのではないだろうか。

8-5

節電のため、利用後は電気を消して下さい。

8-5 見慣れた言葉が指し示すもの

昔からずっと気になっていたことがある。子供の頃、廊下の照明をつけたままにしていると「ちゃんと電気消しなさい!」とよく親に怒られていた記憶がある。その度に、自分の怠惰さを一応反省しつつも「電気?照明じゃなくて?」と、どこかモヤモヤした気持ちになっていた。

そもそも電気というのは物理現象を指しているわけだが、それがエネルギーとして利用可能なことから、「電気」という言葉自体は電気エネルギーそのものを指す言葉としても一般的に使われている。おそらく、電気エネルギーを用いた最初の製品が照明だったことから、歴史的に電気=照明というイメージが強固に残っており、今でも「電気」という言葉だけで、照明という意味としても通用するということなのではないかと勝手に想像している。

言葉が、使用環境や頻度によって本来とは違う意味として使われるようになったものはたくさんあるが、それらの大半は、本来の意味自体を知らないということが多い。今回のように、本来の意味とのズレを体感できるというのは、かなり珍しいので、実際に使われている状況を観察することで、どのように新しい意味を獲得するに至ったのかを想像するのはとても楽しく、貴重な経験だった。

8-6

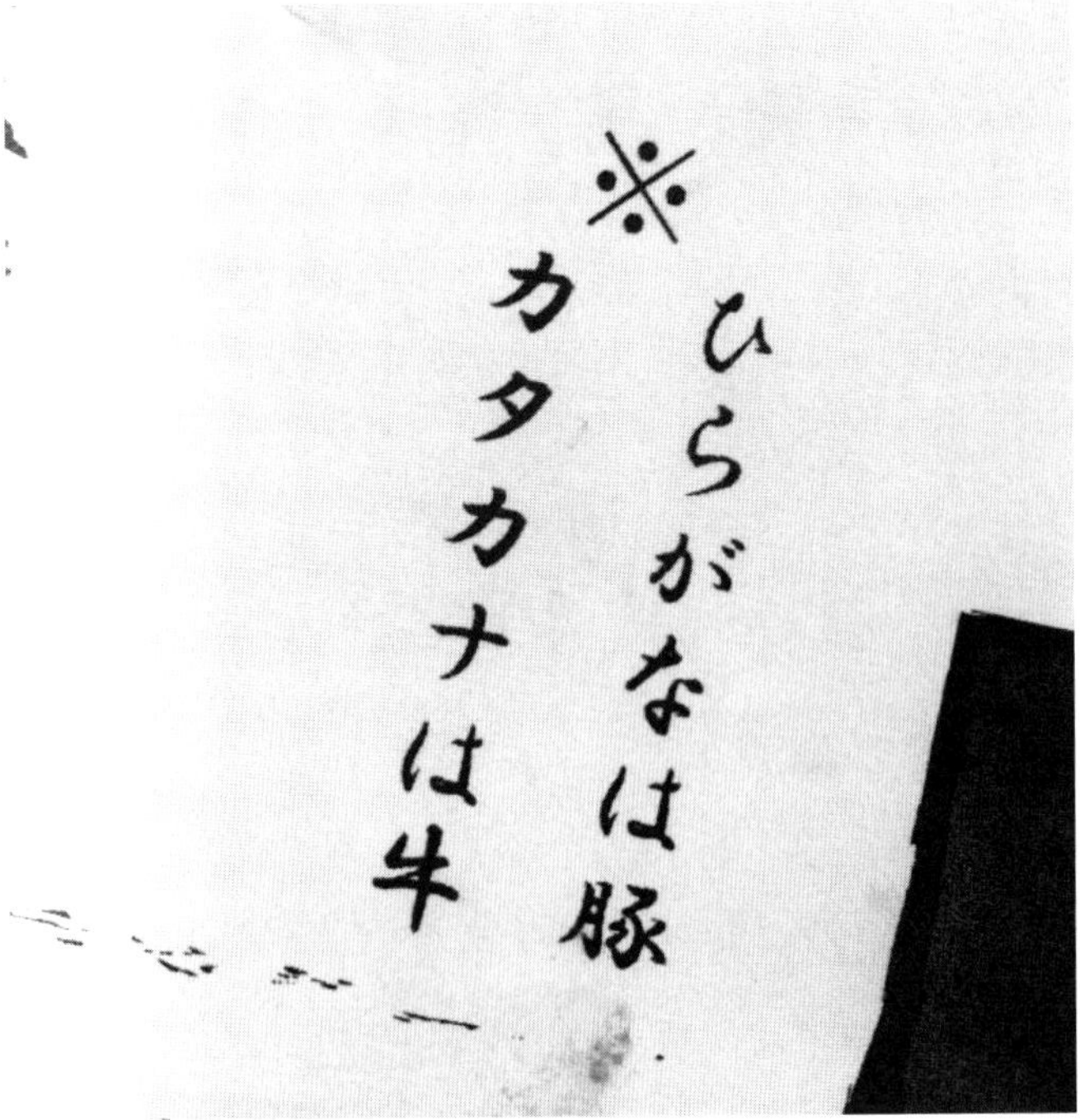
※ひらがなは豚
カタカナは牛

8-6 串焼きメニューのプロトコル

偶然入った串焼き屋のメニューの端に、「ひらがなは豚／カタカナは牛」と注意書きがあるのを見つけた。確かにメニュー上では部位の名前しか書いていないので、豚と牛どちらの肉なのかは分からない。

どちらの肉なのかをメニュー上で示す方法は、豚や牛といった文字やそれぞれの動物を示すマークを、メニューの上に付けるといった方法が考えられる。しかしこの店では、二つの動物の違いを判別するために、言葉の意味や読み方はそのままにして、「ひらがな」と「カタカナ」という「文字の種類」で違いを示すルールを導入していたのだ。

この方法だと、豚が「ひらがな」、牛が「カタカナ」という組み合わせ方に必然性がないため、メニューを開く度に毎回どっちがどっちなんだっけ？　とルールを確認しなければならなかった。

もし、ずっとこの店に通い続けたら、いつの日か「ひらがなは豚／カタカナは牛」というイメージが頭の中で自然と対応付けられるようになるのだろうか。

8-7

みんな見ていますよ
飼い主さん
犬のフンは ちゃんと
持ち帰ってくださいね
目黒区保健所

8-7 先回りして用意された注意

近所を散歩しているときに、いつもは見過ごしていたある看板が目についた。私が気になったのは、看板の内容ではない。その看板が明らかに歩行者の目線から遥か下の位置に設置されていたからだ。

内容を見ると「みんな見ていますよ／飼い主さん／犬のファンはちゃんと／持ち帰ってくださいね」と書かれており、犬の散歩をしている飼い主に向けたメッセージであることが分かる。きっとこの看板を設置した人は、ちょうど犬がフンをしているときに、このメッセージが飼い主の目に入らないと効果がないと考えたのだろう。よく犬がフンをしそうな場所でかつ、その犬を見守る飼い主の視界に入る位置に、その看板は取り付けられていた。

おそらくこの看板のターゲットである、マナーの悪い飼い主にとっては、自分の行為が先回りして注意されていることに、ドキリとしたのではないだろうか。単に情報を提示するのではなく、特定の行為をしたときにだけ読めるようになっていることで、メッセージそのものが効果的に伝わる例だと思う。

おわりに

この本には、五六個の「観察」の事例が掲載されている。これらはすべて、本書のためにわざわざ行ったことではなく、日常的に私が行っているものから抜粋している。私にとって観察とは「頑張って意識してやる」というものではなく、ごくごく自然な行為だ。街を歩いたときに目についたものを写真に撮って、なぜ目についたのか少し考える。この繰り返しを、毎朝歯を磨くように習慣として行っている。

そもそも、観察を日常的に行うようになったきっかけは、高校三年生のときに読んだ、R・マリー・シェーファー著『サウンド・エデュケーション』（春秋社）という本だ。サウンドスケープという概念を提唱した著者によって書かれたこの本には、音への感受性を高めるための課題がたくさん掲載されていた。その中で今でも覚えているのが「今聞こえている音をすべて書き出してみなさい」という課題だ。当時、高校の休み時間に試しにやってみたところ、想像以上にさまざまな音が自分の周りで鳴っていたことに気づいてびっくりしたことを覚えている。換気扇の音や椅子が引きずられる音、鉛筆で文字を書く音など、これらの音は、目を閉じて書き出そうとする前からすべて耳に届いていたのにもかかわらず、気がついていなかったということがショックだった。

この体験をきっかけとして、「物の見方や感じ方は、自分の意識によってあっさりと変更することができる」「自分には見えているようで見落としているものがあまりにも多い」という二つのことを学んだ私は、音だけでなく、自分の視界に入っているものも注意深く見ることで何か気づけるのではないかと考え、この本で「観察」と呼んでいるようなことを始めてみることにしたのだった。

実際に観察を始めてみると、自然の秩序や市井の人々が生み出したささやかな工夫、多くの人たちによって積み重ねられた行為の痕跡など、この世界は面白いものに溢れていた。しかし、こういった面白いものは突然目の前に現れたのではなく、私が気づく前からもともとこの世界に存在していたのだ。観察をするたびに、自分はこんなに面白いものをこれまでずっと見過ごしてきたのかと反省を繰り返している。

こういった、普段の観察についての話をすると「なぜこれを見落とせずに気づけるのか」と聞かれることが多い。どうやら、見落としていたことに気づけること自体が、何か特別な才能であるかのように思われているようだ。確かに、たとえば科学における重要な功績はよく、「新しい発見」と呼ばれ称えられているように、これまで誰も見えていなかったことに気づくこと自体が、非常に創造的で価値を生む行為として評価されてきた。

私は、観察によって気づくこと自体は創造的な行為だが、それができるのは、限られた才能の持ち主だけということではないと考えている。最初に紹介したR・マリー・シェーファーの課題がそうであったように、「見落としていたものに気づく」ということ自体は、何に着目すべきかという問題設定が適切にされていれば、誰でもできるはずなのだ。

その上で、「良い」気づきを得るために「観察の練習」が必要になってくるのだ。観察による気づきは技術だと捉え、何に着目するかを意識しながら、何度も何度もやってみる。当然、技術というからには後天的に学習が可能だし、慣れれば慣れるほど上手くなっていく。私自身も、観察を始めた一八歳のときに比べれば、今では格段に上手く気づけるようになってきた。

できれば、この本を手に取っていただいた読者のみなさんも、ただ読むだけではなく、実際に街へと出て観察を始めてほしい。最初は「こんなものしか見つからなかった」と思うかもしれない。それでも、その見つかったもの自体も、観察を始めなければ意識の端にものぼっていなかったものばかりだと思う。とにかく始めるだけで、少なくとも一つは、これまでの自分が見落としていた新しいことに気づくことができるはずだ。

さあ観察を練習しよう。そして世界に溢れている面白さに気づいていこう。それさえできれば、きっと前よりも少しだけ、生きることが楽しくなるはずだ。

【初出】

本書掲載のテキストは刊行に際しての
全面書き下ろしです。
写真は著者の撮影によるものです
（スクリーンショットを除く）。
一部の写真・画像の初出は左の通り。

Instagram(@suge)
https://www.instagram.com/suge/

sugelog（著者ブログ）
http://blog.syunichisuge.com/

AA'=BB'
http://modernfart.jp/tag/ 菅俊一/
（ウェブサイト「modern fart」での著者の連載）

【著者プロフィール】
菅 俊一（すげ・しゅんいち）
研究者／映像作家
多摩美術大学美術学部統合デザイン学科専任講師

1980年東京都生まれ。人間の知覚能力に基づく新しい表現を研究・開発し、さまざまなメディアを用いて社会に提案することを活動の主軸としている。主な仕事に、NHKEテレ「2355／0655」ID映像、21_21 DESIGN SIGHT「単位展」コンセプトリサーチ、21_21 DESIGN SIGHT「アスリート展」展示ディレクター。著書に『差分』（共著・美術出版社、2009年）、『まなざし』（ボイジャー、2014年）、『ヘンテコノミクス』（共著・マガジンハウス、2017年）。主な受賞にD&AD Yellow Pencil など。
http://syunichisuge.com

観察の練習
2017年12月 1日　初版第1刷発行
2019年 1月29日　初版第5刷発行

著　　　　者：菅俊一
編　　　　集：内沼晋太郎、後藤知佳（NUMABOOKS）
印 刷・製 本：株式会社廣済堂
ブックデザイン：佐藤亜沙美（サトウサンカイ）
発　行　人：内沼晋太郎
発　行　所：NUMABOOKS
〒151-0062 東京都渋谷区元代々木町4-6
TMKビル2F RAILSIDE内
Tel / Fax 03-3460-8220
http://numabooks.com

ISBN 978-4-909242-01-3 Printed in Japan